海で働き、海で生きる

心理学者が観察した外航船乗組員の労働と生活

大橋信夫［著］
OHASHI Nobuo

福村出版

はじめに

人々の生活を基本的に守るためにはさまざまな営みが必要です。食料、エネルギー、資源、製品などを船で輸送している船員の働きもその重要な一つでしょう。日本海事広報協会は日本の輸出入の九九・六%は船が担っていると指摘しています。でも、そうした船で働いている人たちの労働と生活の実態はあまり知られてはいません。陸を遠く離れて航海する船員の姿を普段は目にすることはないのですからそれも当然のことです。

この本は、そうした普段目にすることのない外航船の乗組員の日々の働き方や過ごし方、航海中に思いがけなく発生する異常事態に取り組む姿、異文化をもつ多国籍の乗組員たちが互いに共存するための知恵、離れて暮らす家族との濃（こま）やかな絆などを紹介しようとするものです。

たとえば、日本を出てから一八日後のニューヨークで家族からの手紙を受け取ったある船員は、次のようなほのぼのとした温かさを感じる話を聞かせてくれました。

「ウチの小学生の坊主が、鉄棒のサカ上がりがやっとできるようになったらしいですよ。ほら、この手紙見てくださいよ。ね、この絵（鉄棒にブラ下っている絵がかいてある）。いえ、ウチの坊主はできんかったんですよ。それで、この間、東京を出てくるとき、私が〝練習すれば必ずできるようになる。頑張ってやってごらん。お父さんもオフネで頑張ってオシゴトしてくるからね〟って言ってきたんですよ。だから、ほら、こんなに報告してきて、それで見てくださいよ、ここ。〝ぼくはさかあがりができるようになりました。だからおとうさんもがんばってください〟って書いてあるでしょ。それは、こんなことがあったからなんですよ。こっちはね、その下の女の子のほうなんです。まだ字が書けないので、女房が書くんですよ。まあ、口述ってやつですね。普段は、ほとんど女房からです。ほら、女房のやつ、こんなこと書いてるでしょう。〝今日は、子供達にスペースを譲ってやりましたので、これでおしまいになりました。また〟ってね。これで、今度は返事が大変ですよ。だから、字を間違えるわけにはいかないので、こうして辞書も持ってきてるんです。まあ、いくつになっても手紙のやりとりは楽しいですよ」。こうした手紙については第8章で紹介します。

この本の前半は主として労働について、後半は主として生活について、すべて私が実際に船に何度も乗船して直接観察した際の調査ノートと現場で撮影した写真に基づいて紹介します。

こうした記録は、私が勤務した二つの研究所における二五年間の研究の中で得たものです。これらが得られたのは、桐原葆見先生（文学博士）と西部徹一先生（医学博士）の教えのおかげです。日本の産業心理学や労働科学の泰斗である心理学者の桐原先生は、「科学的ということが、もしいかめしい科学の原理をまず大上段にふりかざしていくことでなければならないように考えられたなら、それはかえって非科学的なことになるおそれがある。こんな迷信は捨てて、ひたすらに現実の事象を順序正しく観ていこうではないか」と教えてくださいました。そうして海上労働科学のパイオニアであった西部先生は、現実の事象を観察できる現場、すなわち船に私を送り込んでくださったのです。「現実の労働と生活を観察してそれを記録して、そのまま記述する」という私の研究スタイルは、主としてこのお二人の先生のおかげで生まれたものです。

勤務した研究所のことや私の研究の背景などは第10章に紹介していますが、最初に調査員として乗船したのは一九六五年のことで、その船は日本からカナダ・アメリカの五大湖までを往復した約一万トンの、当時としては最新鋭の貨物船でした。最後は一九八八年で、日本人とフィリピン人とで運航されている約四万トンのコンテナー船でした。

その間、乗船した船は三六隻、乗船した日数は五一〇日になります。乗船調査期間はいろいろで、数日という短いものから九〇日を超すような長いものもありました。船の種類も雑貨貨物船、コンテナー船、タンカー、フェリー、漁船、海底浚渫船といろいろなら、大きさも五トンくらいから五万トン余といろいろです。乗組員も日本人、フィリピン人、韓国人、ドイツ人などといろいろでした。

乗船調査の具体的な目的もいろいろでしたが、多くは自動化、遠隔化、コンテナー化、少人数化などなど、新しく導入された技術や設備、あるいは乗組員組織の影響などを調査することでした。

調査した結果は、それぞれ調査報告書として研究所から発行し、海運産業関連の官労使などに提供するとともに、その一部は心理学や人間工学などに関連する内外の学会に論文などとして発表してきました。

でも外航船やその乗組員に直接関係のない人々にも紹介したいと考えて、月刊誌の『労働の科学』に二〇一〇年一月から二年間にわたって「海で働き、海で生きる」と題して連載しました。全部で二四回です。この月刊誌は私が客員研究員をしていた労働科学研究所（現在の公益財団法人大原記念労働科学研究所）から出版されているもので、編集部の古川たか子氏と原知之氏のご協力によりできたことでした。その連載からこの本が生まれました。

私のもつ調査記録はいささか古いものです。ここで紹介するために使用した記録は、新しいものでも一九八八年、古いものでは一九七三年の調査のものです。それからずいぶんと時間が経過した現在、海で働き、海で生きる人々の日常の営みの様子は、私が観察し記録した当時とはいろいろと変わっていると実際に耳にします。

一方、基本的なところはそう大きくは変わっていないとも考えられます。船という閉鎖空間の中で、限られた少人数の乗組員が協力して積荷を安全に海上輸送するという目的は変わっていませんし、そのための乗組員の日々の営みそのものは本質的に変わっていないはずだからです。そのことを意識して、私のもつ膨大な記録の中から、あまり本質的に大きくは変わっていないのではないかと考えられるトピックを選んで紹介しました。少なくともこの時代に、こんなふうに海で働き、海で生きた人が実在したことを示す記録であることは間違いありません。

この本が今も外航船で働いている人たちの様子をイメージする手がかりになれば幸いです。

もくじ

セントジョン
ニューヨーク
クリストバル
パナマ運河
タボガ

本書で紹介する外航船の主な寄港地

【凡例】

◎船舶・港湾関係の用語などを中心に、読者に馴染みのないと思われる言葉には、本文・引用文を問わず、そのつど（　）で説明を付しました。長めの説明が必要な言葉には＊印を付し、同じ見開きの左頁、あるいは次頁にスペースをつくって解説をほどこしました。

◎会話の中などで省略されている言葉を補ったり、その会話が交わされている状況などを補足的に説明する場合にも（　）を用いました。

◎引用文の多くは原文が横組のため、読みやすさを優先して、数字表記をはじめ種々の書式を本書の統一形式に合わせたところがあります。

第1章 乗組員にとって調査員は迷惑？

乗組員が調査員を受け入れるのは迷惑でもあるようです。私は初対面の一等航海士から大目玉を食らったことがあります。船内生活の様子を多少想像できる内容ですから紹介しましょう。

1 初対面の一等航海士から大目玉！

これは一九七三年に、当時の最新鋭のコンテナー船で日本と北米東岸を往復五〇日で結んでいたK丸の調査での出来事です。K丸は全長が約二六〇メートル、幅が約三二メートル、深さ〈キール〈竜骨〉から甲板までの距離〉が約二〇メートル、重量トン*が約三万二〇〇〇トン、コンテナーを約一八〇〇個積める大きな船です。常用馬力二万九六〇〇馬力のディーゼルエンジンが二基装備されていて、貨物を満載しても走ろうと思えば約二七ノット（時速約五〇キロ）という高速で走れます。

1 K丸全景

【重量トン】 船のトン数というものはちょっと変わっています。そもそもトンと表現されているのに実は重さの表現ではなく、容積の表現なのです。すなわち空間容積一立方メートルを一トンとするもので、貨物を積載できる空間から計算したものが重量トン、その他の容積を含むものが総トンです。このほかに排水トンというのもあります。これは船が押しのける水から考えるものです。客船は総トンが使われることが多く、軍艦は排水トンです。貨物船については、日本籍の船では重量トンが使われることが多く、外国籍船では総トンが使われることが多いようですが詳細はわかりません。本書では筆者が知りうる表記を使いました。

どの船を調査する場合でも、乗船する前にまずはご挨拶かたがた調査への協力をお願いしに行きます。K丸の場合もこの船を運航する会社が決めてくれた乗船日の二日前に東京港に入港した際に訪船しました。そのときのことを、当時書いた報告書(1)から引用します。

私たちの調査は、まず一等航海士のI・Tさんに叱られることから始まった。一九七三年一〇月二三日(土)午後三時に東京港停泊中の本船を訪れた時、事務室では航海士三人が荷役関係の仕事をしていた。そして二等航海士のT・Fさんが、堅い表情で、「すぐ船長室へ行って下さい」と言う。船長のT・Sさんは、表情は軟らかかったが、「どこウロウロしてたんかな」と言う。何か話がおかしい。そのうちI・Tさんが、「午前中に来ると言ったらちゃんと来て下さい。船乗りにとって停泊中の時間は貴重です。それも知らんで調査をやるの乗船するの、なんておかしなことです。船長も朝入港してからずっと待っていたんです。そりゃ予定通りできないってことだってあるでしょう。しかしそういう場合はちゃんとnotice（連絡）を入れて下さい」と、大変なけんまくである。

要するに何かのゆきちがいである。あとでわかったが翌二四日の午前中に〝乗船する〟という予定が、二三日午前中に〝訪船する〟という風に伝えられていたのだった。私たちは最初から乗組員の人たちに迷惑をかけてしまったわけであった。今迄の経験と前日に会社で聞いたことを参考にして、入港直後は皆さん忙しいし、午後三時頃が挨拶に訪船するには丁度良いだろうと考え、それが本船にも伝わっていると思っていたわけである。一等航海士も、叱られてキョトンとしている私たちの様子から何かのゆきちがいを感じたらしく、「まあ、過ぎたことは良いとして今後気をつけて下さい。なお、乗船中は次のことに気をつけて下さい。①作業中のデッキにはなるべくでないこと。②本船は水は四〇〇トンしかないから節水すること。特に洗濯機の流し洗いは絶対にやめて下さい。③航海中私は朝も夜も当直後の九時半頃迄起きていますから、用事はその間にして下さい。それから明後日は出港前少なくとも一時間半前には来て下さい。

その他狭い船内のことですから、お互いに気持ち

2 東京港大井埠頭の出港離岸作業を指揮する一等航海士のI・Tさん

良く過ごせるように心掛けて下さい」

さらに、最後に、「調査にはできるだけ協力するようにします」と言っていただいて安心した。

こうした最初にみせた一等航海士のきつい表情も、注意の内容も、船長をはじめ乗組員の代弁者としての一等航海士の職務であるわけで、船長が直接注意するということになれば大事になるし、さりとて、私たちが午前中に行かなかったことで、イライラした人たちが上にも下にもいたわけであるから、黙って放っておくわけにはいかない。そこで冒頭掲げたように、雷を落としたわけである。

約束を守らずに乗組員に迷惑をかけたような人に、何も注意しないようでは一等航海士としては具合が悪いことである。

でも、ずいぶんとびっくりしたものです。

次は、いわばこの続きのようなものですが、雰囲気は大きく変わっています。

2 出港後五日目の一〇月三〇日（火）夕食時の会話

機関長S・Yさん：労研さん（海上労働科学研究所から派遣された私たち調査員のこと）、明日はどんな調査をやるんですか。なんでもやって下さいよ。遠慮なしにどんどんね。

一等機関士M・Oさん：あれ、機関長、かわればかわるもんですね。なんですか、前の航海中に、労研の人が乗るって解ったら、ブツブツ言っておられたじゃないスか。

機関長：いや、ファーストエンジニアー（一等機関士）、それを言ってくれるな。いやね、労研さん、私は、今ファーストエンジニアーがバラした通りです。あんた方が乗ってくると聞いたときね、いや、あんた方というわけではなくて労研が乗ってきてなんか調査するって聞いたんですが、私は反対したんですよ。それも最右翼でしたよ。えーい、めんどくさい、なにしにきやがるんだってね。特に理由があるわけではないんですが、船乗りってのは人が恋しいくせに人みしりするんですよ。それにね、調査だなんていったって今迄みたいに、なんも船のことも船乗りのこともしらんで乗ってきて、ブラブラするか、自分の部屋にとじこもってるかで、そのくせなんかわかったようなことを、降りてから（下船してから）言うんですからね。

今迄もよーけぃ（大勢のこと）そんなんがいましたよ。いえね、あんた方、本船に乗ってこられるとき、上等の佃煮を持って来て下さったでしょう。それも部員の方も含めてテーブルの数だけ。私はオヤッと思いましてね。船でなかなかでんものを、ちゃんと数そろえて持ってくる。これは、船を知っている人だぞと思いましてね。それでみていたら、あんたらの生活ぶりがやっぱりちがうんですよ。熱心なもんですよね。私は今ファーストエンジニアーに言われるまで、労研なんか乗ってくるなんてうるさいなと思ったことがあるなんて忘れてましたよ。

一等機関士：青木さん、大橋さん、見事に機関長を自家薬籠中のものにしましたな。ハッハッハ。

機関長：いや、本当、コロッとやられてしまいましたよ。あんたら、タブラカスのうまいんですな。

船長T・Sさん：うん、確かにみんなになじみ溶け込むのが上手だよね、まあ、調査というカタイコトだけでなしに、個人的にもいろいろ話してみて下さい。それに案外そんなことから、把（つか）めるものがあるかもしれんしね。

機関長：本当になんでもやって下さいよ。エンジンの関係のことだったら、ファーストエンジニアーに言ってね。なに、少々、仕事の邪魔したって構わんですよ。なあ、ファーストエンジニアー。

一等機関士：いやいや、これは機関長、すっかり労研のファンになっちゃったんですな。いいですよ、準備が必要なことなら前の日に言ってくれたら、良いですから。

船長：そう、デッキの方もチョフサー（一等航海士、Chief Officer のこと）に頼んだらいいよ。

こんなふうに受け入れてもらえたことは、私たちにとって大変有難かったし、そのおかげで成果を挙げることができたのであった。そして航海の終わりの頃には、「あんたらの嗅覚は犬みたいだ。なにかあると必ずあんたらは見ているもんね」と言われてしまった。(1)

会社が了解している調査のためとはいえ、よそ者が乗船する場合には乗組員の日常に迷惑がかからないように充分に気をつけなければなりませんが、そのように心がけていても迷惑をかけてしまうようです。

（1）大橋信夫・青木修次『新鋭高速専用船における生活と集団機能との関連について――ニューヨーク航路コンテナー船乗船調査報告』海上労働科学研究所、一九七五年

第2章 実際の航海の例、日本からギリシャまで

「日本からニューヨークまで船で行くと何日かかるの？」とか「ヨーロッパまではどのくらい？」と聞かれることがよくあります。船での所要日数は想像することも難しいようです。戦前は特別の場合を除いて一般の人が海外に行くには客船や貨客船を利用しましたし、戦後もフルブライトの初期に奨学金を得た留学生は船を利用したものです。ノーベル賞を受賞した小柴昌俊さんもその一人で、現在は横浜の山下公園に係留公開されている氷川丸で若き日に渡米しました(1)。

でも今日では、海外に行く交通機関として船を意識することがほとんどなくなったのですから、こういう質問があって当然です。所要の日数すら見当をつけ難いのですから、ましてや船の中でどんなことが起きるのかなどということは想像のしようがないかもしれません。

そこで、実際の外航船の航海の例を挙げて、どんなふうに寄港していくのか、その間にどんなことが起きるのか、乗組員はどんなふうに働いているのかについて、日本と黒海とを結んでいたI丸という貨物船を例に、日本からギリシャまでの航海経過を紹介しましょう。

1 横浜港に停泊中のI丸。鳥居のように見えるのが鳥居型デリックと呼ばれるウインチの一部

I丸は貨物の積み降ろしに使うウインチ（揚貨機）などの荷役設備を自分でもっている在来型の典型的な雑貨船で、五つある船倉に何でも積みます。何でも積むから雑貨船と呼ばれました。ちなみに英語ではgeneral cargo vesselとかgeneral cargo shipと書かれますので、翻訳書などで一般貨物船と訳しているのを見かけることもありますが、ちょっと違うような気もします。

長さが一六〇メートル、一万三二七〇重量トン、出力が約一万八四五〇馬力のディーゼル機関を一基もっていて、約二〇・八ノット（時速約三八・五キロ）の速力で航海できます。一九六六年建造の雑貨船としては高速のものです。

乗船した一九七六年には、すでに世はコンテナーだけを積むコンテナー専用船の時代に入っていましたが、まだ世界の主要港のすべてがコンテナー荷役をできたわけではなく、自分で貨物の積み降ろしができる荷役設備をもった在来型の雑貨船も世界の物流で大きな役割を果たしていました。でも、こうした雑貨船は日本のような先進海運国からはまもなく姿を消すことが確実となっていました。そんなころの船上での労働と生活の実態を記録しておくことを主な目的とした乗船調査でした。

乗組員は一九六〇年代に比べれば少なくはなっていましたが、それでも船長のT・Hさん以下四三名で、まだ事務長のH・Iさんや船医のH・Hさんも乗船していて、甲板部員や機関部員も多く、昨今ではとても考えられない乗組員構成でした。

ギリシャのアテネの外港のピレウスまでの四〇日間を横浜で乗船した私が、そこから黒海に入り神戸に帰港するまでを当時の同僚の青木修次さん（のちに東京国際大学教授）が調査をしました。当初はおおむね半分ずつの予定でしたが、結果的に青木さんが私よりはるかに長い六七日も乗船調査をすることになってしまいました。二人の分担がこんなに違ってしまったのは、青木さんの担当になってから、ルーマニアのコンスタンツァ港で一三日、ブルガリアのブルガス港で一二日も着岸できなくて沖待ちを余儀なくさせられたという出来事のせいでした。当時こうした国々の港ではよくあったことのようですが、それにしてもここまで長くなったのは予想外でした。

まずは、横浜を出港し、キールン、ホンコンを経由してシンガポールを出港するまでの様子を紹介します。

1 横浜出港からシンガポール出港まで

五月一四日（金）　横浜出港

荷役を終えて午後四時に横浜港を出港して、最初の寄港地である台湾のキールンに向かいました。出港に際して乗ってきたパイロット*は、この船を所有・運航する海運会社にかつて船長として勤務した方で、行き先を聞いて「へぇー、この船が黒海にね、地中海じゃなくて」と驚

【パイロット】多数の船舶が航行する港や狭水道、内海などで、その海域の特殊条件などに必ずしも精通していない船長を補佐するために、船に乗り込んで操船する専門家のことです。この調査時点では、長く大型船の船長を務めて操船経験が豊富で、しかも厳しい国家試験に合格して水先人免許を得た人だけがなることができました。正式名称は水先人ですが、比較的わかりやすい水先案内人やパイロットという呼び方も一般的にはよく使われるようです。資格などに関する制度はその後変更されました。

きの声をあげ、それに対して船長のT・Hさんは「荷があるからでかいの（たくさん積める船）じゃないと駄目らしいです」と答えていました。

途中に、エーゲ海からマルマラ海に入るダーダネルス海峡と、イスタンブールから黒海へ抜けるボスポラス海峡という二つの非常に狭い海峡があることをよく知っているからこそのパイロットの驚きです。

この航海から交替乗船してきた人も何人かいました。とくに機関関係は交替が多く、機関長、一等機関士、二等機関士が下船して新しい機関長、一等機関士が乗船し、前から乗っていた三等機関士が臨時に二等機関士となりました。そうして、大学を出たばかりでこの直前の航海では四等機関士として初航海を経験した人が三等機関士になりました。一度にこんなに交替するのは珍しいことです。そんなこともあって出港して浦賀水道を抜け、通常スタンバイと呼ばれる出入港配置が解かれたあとも、機関制御室では、新任の機関長のT・Kさんと一等機関士のU・Mさんの二人は、臨時に二等機関士になったY・Tさんから、燃料のC重油を加熱したときの粘度の変わり具合、回転数を制御するガバナーの性能などエンジンの様子をいろいろと聞いたり、前の航海までのいろいろな記録を調べたりして、やや緊張した雰囲気が見られました。

こうした大幅な交替に、機関士の指揮の下で働く操機手や機関員はもちろん、実は船長や航海士にも一抹の不安があったことが、あとになってわかりました。もちろん、その不安には確たる根拠があったわけではなく、ただ「そんなに替わって大丈夫なの？」という漠然としたものだったのですが。

穏やかな航海が続き、キールン港入港前日は日曜日で、当直に入らない人たちはお休みとなり、麻雀をする人たちも二組ほどいて、船内にはゆっくりとした雰囲気が醸し出されていました。しかも、お昼には日曜日恒例の洋食のフルコースを楽しんだのでした。

五月一七日（月）　キールン港入港

午前一〇時三〇分、キールン港の岸壁に着岸し、すぐに荷役が始まりました。実際には七時前に港外に着いていたのですが、パイロットが来ないので錨を下ろして九時半過ぎまで待たなければならなかったのでした。主機関の回転数を調整して、予定どおり朝の七時に着くように走ってきたというのに。

替わり合って上陸する人たちもいましたが、船内には上のような掲示が出されていました。

［本港における注意事項］
① 0000 ～ 0400 は徘徊しないこと。
②煙草の吸殻を捨てたり痰を吐いたりしたら 600 元の罰金を科せられる。
③荷役は明日 18 日 1100 に終了、1200 出帆予定。1100 までに帰船すること。

四桁の数字は時刻を示しており、たとえば「0000～0400」は午前零時～四時のことです。当時、台湾（中華民国）は中国（中華人民共和国）と厳しい緊張関係にあり、戒厳令が敷かれ夜間は外出禁止だったため、夜中の零時から朝の四時までは外に出られなかったのです。

五月一八日（火）　キールン港出港

荷役は徹夜で続けられました。船では徹夜荷役をオールナイトと呼んでいます。実際に貨物の積み降ろしをするのは港湾で働く現地の人たちですが、積み付け状態（船倉内の貨物の収納・固縛状態）や抜き荷（盗難）を監視するのは各船倉に配置される航海士と甲板部員たちで、やはり徹夜で大忙しです。フル稼働する何台もの電動の荷役ウインチへ安定した電力を供給する機関部の人たちも交代で停泊当直にあたりました。

2 積み付け状態を確認する甲板長のJ・Fさん

午前一〇時五〇分に何事もなく荷役は終わり、主機関も温められて出港準備が整いました。一等航海士のT・Iさんは、出港スタンバイが解けるのはお昼をだいぶ過ぎてからになるので、スタンバイの前にみんなに食事させることを考えて、「早飯（決められた時刻より早く食事をすること）できませんか？」と事務長のH・Iさんに尋ねましたが、「税関（職員）が（食堂で）飯食ってますから、ちょっと無理です」との答えでした。出入港時にはどこでも、検疫官、税関吏、出入国管理官が来ますが、本章3節で紹介するように、港によってはこうした食事のほかに煙草、お酒などの「おみやげ」の要求に悩まされることも少なくありません。

予定より三〇分早い午前一一時三〇分に出港し、ホンコンに向かいました。夜になるとマストに日の丸を揚げ、それをライトアップしました。台湾海峡を航行する船舶への台湾政府の要求によるものです。こんなところにも国際関係の緊張が影響します。

船橋では「ここらは漁船が多く、ヨンパー（午後四時から八時までの当直時間。当直については第3章3節で詳しく紹介します）で三〇隻もいたようです。そろそろジャンク（船）も出てくるし」と三等航海士T・Iさんはレーダーを入念に監視していました。舵は自動操舵になっていましたが、いざというときの操舵や見張り、それに気象・海象の計測記録など、航海士を補佐するために当直に入っている甲板手のT・Tさんも双眼鏡で真っ暗な海を監視していました。当直の甲板手にはもう一つ大事なシゴトがあります。四時間の当直の中ごろにコーヒーを淹れることです。日本船ではどの船もパーコレーターを使う人が多く、本当に美味しく淹れます。当然ベテランの甲板手ほど上手で、みんな一家言をもっています。

五月一九日（水）　ホンコン港入港

ホンコンに午後四時に着き、ブイに係留しました。この際に、残念なことに船首でブイ係留の準備作業をしていた甲板手のT・Kさんが右手の中指を怪我して、空路で日本に帰国するこ

4荷役準備作業にあたる甲板部員

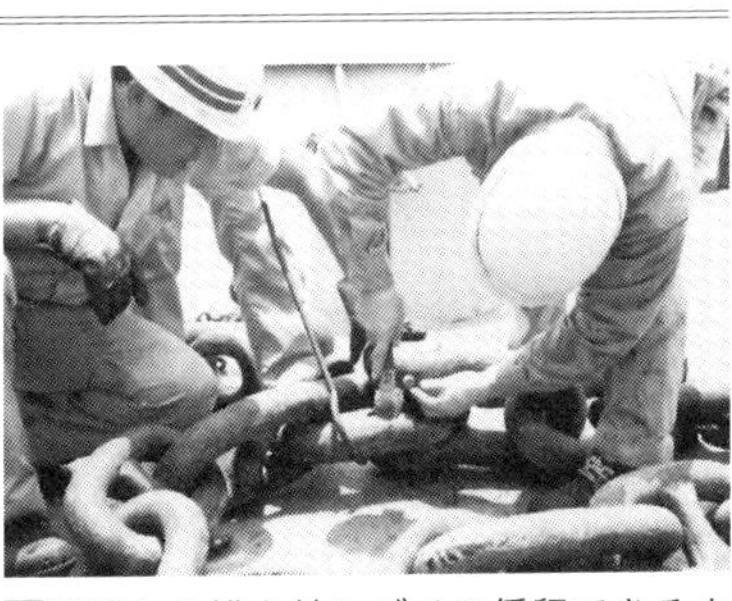

3錨鎖から錨を外しブイに係留できるようにシャックル（連結金具）を取り付ける作業

となってしまいました。

係留するとすぐに甲板長T・Tさんの指揮の下、固定してあったウインチの固縛を解いて荷役の準備にかかり、それが終わるころにはたくさんの貨物を積んだはしけが何隻も本船に接舷して、荷役が開始されました。

五月二〇日（木）　ホンコン港出港

この日もオールナイトで荷役を進め、お昼の一二時過ぎにはすべて終了し、ハッチ（船倉の蓋）も閉められ、午後一時に錨を揚げてシンガポールに向けて出港しました。

五月二一日（金）

午後には安全衛生委員会が開かれ、一時間ほど現在の積荷の危険性や飲料水の検査結果、今航における健康検査の日程、ゴキブリ対策などいろいろな事柄について話されました。この委員会のことは第4章2節で詳しく紹介します。

この日の一番の出来事は、午前中に空気圧縮機の一号機が異常停止したことです。担当の三等機関士T・Oさんと電気屋さんと呼ばれる操機手のY・Aさんが調べたところ、その原因は、起動箱内のセレン整流器の電気抵抗値が規定の半分しかないためと考えられました。

そこで、予備品と交換して試運転をしましたが、やはり緊急停止してしまいます。次いで電磁クラッチを開放して調べると、スリップリングと呼ばれる部品にアースしている（異常電流が流れている）ことがわかり、清浄し乾燥させて復旧し、試運転しましたがそれでも駄目です。夜の八時過ぎまで取り組みましたが解決せず、翌日に持ち越されました。

機関長のT・Kさんはその様子を見ながら、「今航はドック前*だからいろいろあるぞ」と皆に注意を喚起していました。さらに「シンガポールで一台では心配だから」と担当者に話していました。これは、「シンガポールは入港の際に潮の流れが強くて

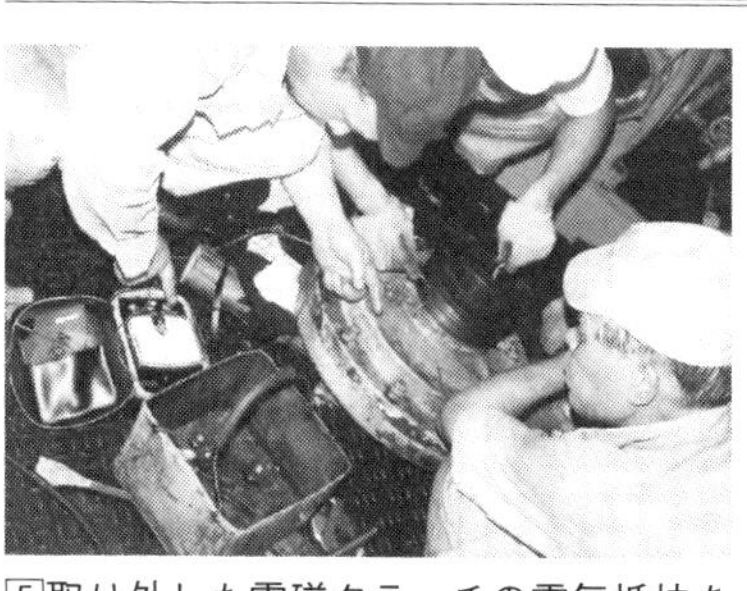

5 取り外した電磁クラッチの電気抵抗を測定する操機手Y・Aさんたち

【ドック前】自動車の場合の車検のように、船も安全航行の確保のために船舶検査が行なわれます。船舶検査には、船体の構造、強度、復原性やエンジンの構造、動作の確認をはじめ、舵効き、プロペラや航海用具、船灯等の備え付け、機関室燃料油等火災爆発防止の確認など詳細にわたって実施される定期検査（遠洋航海に出る大型船では四年に一度）と、二年に一度行なわれる中間検査などがあります。いずれも造船所のドライドックに入って行なわれるため通常「ドック」と呼ばれています。定期検査はテイケンと呼んで中間検査と区別しています。この機関長の発言は、今度日本に帰ったら中間検査で、前回の検査から二年近くたっているので、あちらこちらに不具合が出るかもしれないから、みんな気をつけるように、という意味です。

主機関の発停回数が多く、必要な圧縮空気をつくる圧縮機が一台では心配だから、それまでに復旧するように」という意味です。大型のディーゼルエンジンは、自動車などのようにセルモーターで起動するようなことはできないので、圧縮空気をシリンダーに送って回転させ、頃合いを見て燃料を噴射して起動させます。その圧縮空気を溜めておくタンクは二個あり、一個で一〇回起動するのが限界なので、機関長が心配するのは当然です。

翌日の朝から再び開放してさらに調べると、スリップリングの取り付けボルト用絶縁筒にカーボンが付着し、それに水が残留してアースしていたことがわかりました。ここを清浄し乾燥させたあとに、絶縁ワニスを塗って復旧し試運転したところ、今度は大丈夫でした。こうして無事に修理は完了しました。

このように、船では何事にも自分たちで対応し、なんとしてでも解決しなければなりません。海上労働の特徴の一つとして「自己完結性」が挙げられるゆえんです。

夜になってシンガポールから電報で、港外で仮泊する必要はなく、直接八号岸壁に着岸できることが告げられました。

五月二三日（日）　シンガポール港入港

お昼の一二時五〇分に港から無線電話で「検疫錨地で待て」という知らせが届きました。入港前に検疫を受ける場所としてある範囲が定められていて、もちろん海図にも記されています。本船はそこに向かいましたが、たくさんの船が錨泊していて空いている場所がありません。すると一隻の台湾の船が錨を揚げて出ていこうとしているので、そこに向けて左に舵を切りました。ところがなんとその船は突然また錨を下ろしたのです。船長のT・Hさんはそれを見た瞬間に操舵を担当している甲板手のN・Mさんに「ハードスターボード！（舵を右に三五度切れという意味）」と鋭く命じ、甲板手もすぐに舵をピタリ三五度右に切ります。でもすでに左に回りだしていた船はそう簡単には右を向きません。船長は「おい、ハードスターボードだぞ、ハードスターボードだぞ」と甲板手に繰り返します。実際に右を向き始めたのは、船長が命じてから三二秒後のことで、かろうじて錨泊している二隻の船の間を通り抜けることができました。やや大げさにいえば、手を伸ばせば届くのではないかと思われるようなわずかな隙間を両側に残して衝突を回避した船長の卓越した操船でした。この後、結局空いている場所がなく、指定されている区域をわずかに外れた場所に錨を下ろし、錨鎖も水深の関係で予定よりも長く、八シャックル（約二〇〇メートル）も入れました（ちなみに船は錨と繰り出した錨鎖の重さで海底に固定されます）。

右への舵が効きだすまでの船長の緊張は大変なものだったと思います。あとで「いやぁ、錨地が混んでるとあんなこともままあるんですよ」と怒りの感情を抑えながら話してくださいました。船首で錨を下ろす指揮をしていた一等航海士のT・Iさんも「（台湾船が）アンカーをレッコした（Let go が訛ったもので、錨を下ろす、係留索を外す、などのときに使われます）ときは肝つぶしたぜ」と言っていました。

航空機と違って港には管制がないところが多く、船自身が意思決定しなければならないからこういうことが起きるのです。これも「船には自己完結性が求められている」といわれるゆえんでしょう。

錨泊したこととその場所とを港の当局に無線電話で伝えると、一時間後にパイロットが行くからチャンネル20で無線電話をあけておくようにと返事があり、実際そのとおりにやってきて、午後五時に着岸しました。すぐに荷役が始まったのはいつもと同じです。

五月二四日（月）　シンガポール港出港

徹夜で続いた荷役がさらに続けられ、お昼の食事では一等航海士のＴ・Ｉさんが「夜七時ごろ終わるかもしれません」と一等機関士のＵ・Ｍさんに告げ、それに対して「三〇分以上早くなるようだったら知らせてください」と答えていました。これは、主機関その他をあらかじめ入念に温めておく必要があり、それに少なくとも二時間はかかるからです。

この港には「Japan Seamen's Club」と呼ばれる日本船主協会が運営する船員用の施設がありました。マネージャーはＩさんで、船の事務長をながらく務め、八年前からここに住んで、入港して訪れる船員の世話をしています。私も行ってみましたが、二〇畳の畳部屋、ビリヤード台、ソファー、ちょっとしたバー、おみやげ物、本、週刊誌、新聞などが置かれていました。ピアノもありましたが、これはもう何十年（?）も調音・調律をしていないようでした。予算もままならないようです。でも、Ｉさんによると毎月一二五〜一三〇隻くらいの船からおよそ二三〇〇〜二五〇〇人の船員が利用するそうで、利用状況は毎月、会社別、船別に利用者数を日本船主協会の厚生課に報告しているとのことでした。

この日、出港したのは、実際には夜の一〇時でした。ここから、シンガポール海峡を抜け、難所のマラッカ海峡を通航するという緊張する航海が続くことになります。

そんな緊張が船橋にも機関室にも漂う中で、真夜中の零時少し過ぎに、無線室と通路に大きな警報が鳴り響きました。他の船から発信されたＳＯＳなどの緊急無線を受信したことを知らせる自動警報装置（オートアラーム）*が働いたのです。眠っていた通信長のＹ・Ｔさんも、当直を終えたばかりでまだ起きていた二等通信士のＳ・Ｎさんも自室を飛び出して無線室に急ぎ、受信内容を確認しました。幸いＳＯＳではなく、ＳＯＳを発する事態になるかもしれないので気をつけていてほしいというある船からの要請でした。そこで本船としてすぐには行動しないものの、次の連絡に備えて通信長たちは

6 モールス信号で電報の送受信にあたる二等通信士

【オートアラーム】 この装置は、船に乗り組む無線関係の職員を三人から二人に減少させることに伴って設備されるようになったものです。それまでは、局長と呼ばれる通信長と二人の通信士の三人が交代で二四時間無線室に勤務して、無線業務を担っていました。これが、「合理化」の進行の中で、ＳＯＳなどの緊急無線を自動受信して警報を発するこのオートアラームを設備すれば、通信長と通信士が各一人でよいことに法律が変わったのです。初期のころは誤報が多く、通信長たちを悩ませたようです。でも、のちに通信長一人でもよいことになってしまい、ますますアラームの役割が大きくなります。

待機体制となりました。出港したばかりでまだ船橋にいた船長も、通信長から報告を聞くまではかなり緊張した様子でした。

2 シンガポール出港からジブチ出港まで

五月二十五日（火）　シンガポール出港

シンガポールを出港するとすぐにさしかかる難所のマラッカ海峡も無事に通過しました。船長のT・Hさんは「この航海はラッキーだった」と感想を述べ、その理由として、いつもと違って大型船が少なかった、漁船も少なかった、視界がよかった、スコールも来なかったと四点を挙げていました。

五月二十六日（水）　インド洋航海中

しかし、その先のインド洋で待っていたのは大時化（しけ）でした。夜半ごろから風が強まり、海も荒れ始めました。でも、この日のお昼の食事のあと、全乗組員が参加して操練が行なわれました。操練とは、緊急事態が発生した場合に適切に対応するために行なうさまざまな訓練のことです。

この日は、まずはデッキに救命胴衣を着けて集合し、一等航海士から点呼点検を受けました。その後は放水、消火器の取り扱い、非常用ディーゼル排水ポンプの発停の訓練が行なわれ、さらにスルースドアーの閉鎖試験が行なわれました。これは浸水したときに他の箇所にその被

7 操練での一等航海士T・Iさんの点呼点検

8 大時化のインド洋を航行するI丸

害が及ばないように締め切るドアーがきちんと閉まるかどうかの試験です。およそ一時間で操練は終了しました。この件は第4章1節で詳しく紹介します。

翌日から時化はますますひどくなって、船は揺れに揺れます。

こんなときの機関士は大変です。船首が深く沈んで、そのかわり船尾が上がり、プロペラの水深が浅くなって、ときには水面から飛び出しそうになります。そうなると、水の抵抗が減少して、プロペラの回転数は高くなります。それはプロペラと直結している主機関の回転数が高くなることを意味しています。逆に、船首が浮いて、船尾が下がると水の抵抗が大きくなってプロペラの回転数、すなわち主機関の回転数が落ちます。こういう大時化になると、ふだん使用している調速器に頼ることは危険ですので、機関士が主機関のハンドルを握り、回転計を睨（にら）みつつ回転数を制御するようになります。回転数が下がってくれば、次にやってくる回転数の急上昇に備えて燃料の供給を少なくします。燃料を増やしたり減らしたり、そんな調整をして時化と闘い、主機関を守り、航海を続けるのです。

それでも揺れの周期は一定ではありませんから、ときにはプロペラが水面に出て回転が急上昇することがあります。これはレーシングと

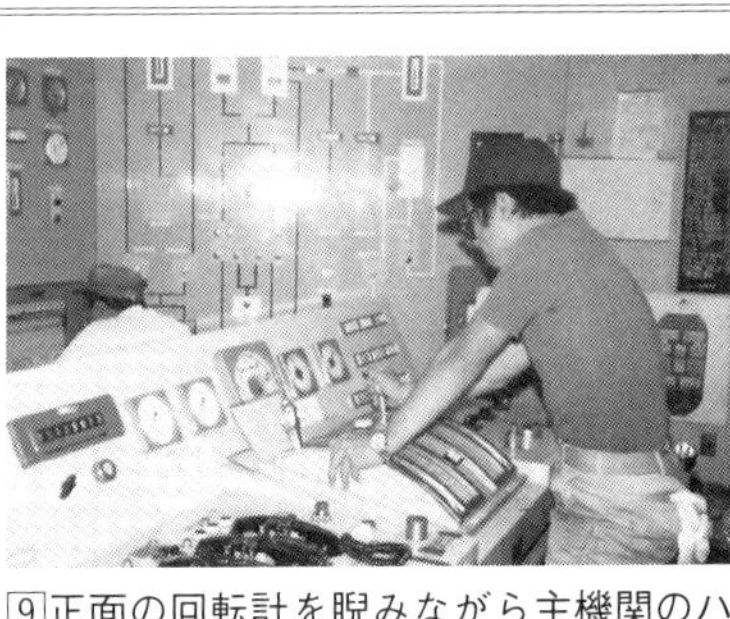

9 正面の回転計を睨みながら主機関のハンドルを握る三等機関士のT・Oさん

いって主機関に大きな悪影響を与えますので、なんとしてでも避けたいことですが、ときにはやられてしまうこともあります。ですから、そうならないように運転するのは大変なことです。それだけに、船体の動きを予想しながらうまく運転ができていると、自動で調速器に頼って運転しているときと違って、自分の手で、自分の力量で、自分の経験を活かして何千馬力、何万馬力という大きなエンジンを運転して、そうして難航する船を守っているという、そんな誇らしい感覚を得られるようです。でもそれは四時間のワッチ（当直のこと。第3章3節で紹介します）が終わったときに感じることで、運転中はひたすら回転数を維持することで頭の中はいっぱいだということです。

こんな中で二七日には僚船（同じ会社の船）を追い越しました。原油を搭載するためにペルシャ湾に向かっているタンカーですが、燃料の節約のため減速して航行していたものです。船橋当直者が「本船左舷側にT丸が見えます」と船内放送をすると、デッキで仕事をしていた人たちは少しだけ手を休め、船内にいた手空きの人はデッキに出てきました。距離は一三海里（約二四キロ）ありましたが、僚船に出会うというのは大きな楽しみです。向こうからもよく見えないことを承知のうえで手を振っている人も中にはいました。船長のT・Hさんが無線電話で呼び出したときはうまくつながらなかったのですが、そのうちに僚船の船長から呼び出しが

10 揺れる船橋で懸命に足を踏ん張って六分儀で太陽の高度を測る次席三等航海士のK・Iさん

あり、船長同士で難航状況など情報交換をしていました。

船の揺れは相当なもので、前後に揺れるピッチングと呼ばれる縦揺れに加えて、左右に揺れるローリングと呼ばれる横揺れも激しく、まるで波の上から放り出されたかのように船底からの衝撃を感じることもしばしばありました。曇天で太陽もほとんど顔を出さず、太陽の高度を測って船の位置を求める天測の機会がほとんどありません。たまに太陽が出ると次席三等航海士のＫ・Ｉさんはその機会を逃さずに天測を試みますが、なにせ揺れているので作業もままならない状況が続きました。

時化はこのあとも続きますが、それでも二九日の土曜日には夜の七時過ぎから焼肉パーティーを開いて、賑やかに和やかに楽しむのですから、さすがプロ集団です。もちろん私もご馳走になりました。

五月三〇日（日）

時化はおさまるどころかますます激しくなります。ローリングももちろんありますが、とりわけピッチングがひどくなります。ヨンパーのワッチに入っている一等航海士のＴ・Ｉさんは、しきりに船橋の正面上部にある主機関の回転計を見ています。「ファーストエンジニアーはきっと必死だぜ」と口にします。回転数が安定せず、ときにはレーシングもしているからです。その一等機関士のU・Mさんは機関室で回転計を睨みながら、本当に必死の面持ちで主機関のハンドルを操作しています。でも、船長と機関長とで決めた回転数を保とうとすると、レーシングしたときに回転数が一分間に九八回転から一〇二回転の範囲に入ることがあり、そうなると主機関が激しく振動します。いわゆる危険回転数に入って共振を起こしてしまうためです。常用回転数のすぐ上に危険回転数があるというのはどうも設計に問題があるようにも思えましたが、だからといってそんなことを口にする人はもちろんいません。今しなければならないこととは無縁だからです。

　こうした現象が何回か起きたあとに、一等機関士は船橋の一等航海士に「もうちょっとなんとかならんですか?」と、とうとう電話します。そうして「このままだとシャフト（プロペラを廻す推進軸のこと）でも折ったらアウトですから。コース（針路）を変更できんやったら回転数を落とさにゃーしょうないですね。機関長から（船長に）言ってもらいますわー」と続けます。機関長に進言する前に一等航海士に相談するという手順をきちんと踏んだわけです。そのうえで、一等機関士の進言を受けた機関長のT・Kさんが船長のT・Hさんと相談して、危険回転数の下の回転数とすることにしました。もちろんこのことにより速度は落ちて、次の港への入港時間に遅れが生じます。定期船の船長としては予定を守るために、回転数、すなわち速度を落としたくないところですが、機関長以下機関士たちが最大限の努力をしていることを知っているからこそ、このように判断したわけです。ちなみに、船ではこういう状況の中で、日ごろの船内の人間関係が表面に出てきます。

機関長のT・Kさんからの指示を受けて一等機関士のU・Mさんは、主機関のハンドルを操作して回転数を落とし始めますが、なにせピッチングが激しく回転にむらがあるので、非常に難しい操作を強いられています。どうやら回転計も狂ってきたらしく、ストップウォッチを使って回転数を計測する必要まで発生しました。一等機関士と一緒にワッチに入っている操機手のE・Iさんは、冷却水ポンプなどいろいろな補機の発停のために機関室を飛び回っています。

一等機関士が「クランクの焼き嵌めでもずれたらしょうないですからね。三〇分、一時間早く行こうと無理して大事になったらワヤですからね」と言いながら回転数の維持に取り組みます。しかし結局、もう一度回転数を上げることにしました。このままの回転数だとかえって別の危険回転数に入ってしまうし、速度を落とした結果、揺れがより大きくなったからです。ある操機手は「前任の機関長は、このエンジンはスローにすると具合が悪くなると言って絶対に落とさんかったですよ。今の機関長はすぐ落とす。同じエンジン（の管理）でも上の人でこれだけ変わるんですからね」と、そっと耳打ちしてくれました。そんな見方もありました。

一等機関士がこんな努力をしているとき、船橋では船長も風向計や風速計にしばしば目をやりながら何も口にせず、じっと前方の海面を睨んでいました。なぜかその背中がいつもより大きく感じられました。

午後八時になって、一等航海士に替わってワッチに入った三等航海士のT・Iさんは、「時化てるとあたま（船首）を振るんですよ。だから行き会い船（反航船）があっても動作を大きくしないと（大きく変針しないと）避けたかどうか互いによくわからんことがあるんです。でもGM（復元力）が大きければいいんですが、そうでないと大舵はとれないし、それに舵が効かんこともあるんです」と、レーダー看視と双眼鏡を使って見張りに努めながら、時化ているときの操船の難しさを語ってくれました。

このような話を聞いているときに、ジャイロコンパス（自動操舵に関係する機器）がカタカタと異音を発します。これは舵に波浪が強く当たって舵を動かす操舵機を逆に動かしてしまうと起きる現象なのだそうです。ときには元に戻らない場合があり、そういうときは自動操舵をやめて手動にして修正します。このワッチでも二度ほど観察しました。

五月三一日（月）　インド洋航海中

この日の朝食の折に、排気弁から燃焼ガスが漏れているために修理が必要であるという話が出ました。修理にはエンジンを停止する必要があります。しかし、時化で揺れているときにエンジンを停止するのは危険です。安全を期して修理は明日行なうことになりました。

その夜、船橋ではこんなことがありました。私が夜中の観察に備えて自分の部屋のソファーで仮眠をとっているときに、汽笛が短く二回鳴りわたって目を覚ましました。これは「本船は左に転舵する」という意味の信号です。時計を見ると八時を少し過ぎていました。急いで船橋に行くと、左前方に緑灯を見せている船が本船の針路を左から右方向に横切ることになるような態勢で航行していることに、三等航海士が対処しているところでした。

国際海上衝突予防法の定めにしたがって、船では夜間は右舷側に緑灯、左舷側に赤灯を点灯していますから、緑灯が見えているということは右舷側を見せているということです。また、同じ法律によって船は原則として右側通行が定められていますから、すれ違いは左舷対左舷で行ないます。したがって、他船の赤灯を見ている船が、赤灯を見せている船を避けなければなりません。

この大原則からすれば、相手船には赤灯を見せている本船を避ける義務があります。ところがそうする様子が見えないので、注意を喚起するために三等航海士は信号灯を点滅させるとともに無線電話で呼びかけました。それでも相手はそのまま進むので、三等航海士が左に転舵するという意味の汽笛を鳴らしたのでした。そうして一緒にワッチに入っている甲板手のF・Iさんに舵を一五度左に切るように命じ、衝突を回避します。

右に切るとかえって相手船の針路の前に出る危険性があったからです。途中で機関室の三等機関士に「船を避けているので回転数が落ちるかもしれません」と電話で連絡します。舵を切るとそれだけ抵抗が大きくなって回転数が落ちるので、ワッチの機関士が不要な心配をしないように知らせたのでした。もっとも、あとで聞くと三等機関士のT・Oさんは、「ブリッジから連絡をもらったときはもう回転が落ち始めていて、あれぇっと思っていたんですよ」と苦笑いしていました。

六月一日（火）　アデン湾航海中

この日の朝七時五〇分にアデン湾に入り、五月二五日にマラッカ海峡を抜けてインド洋に

11 テレグラフの模型

12 本物のテレグラフを操作しているところ

入って以来一週間も続いた時化もようやくおさまりました。その朝食のときの会話です。

機関長：キャプテン、排気弁どうですか（排気弁の修理のためにエンジンを停止していいかどうかを尋ねています）。

船長：もう五時間も遅れてて（四日の船団では）スエズに入れんですからいいですよ（スエズ運河は船団を組んで通航します。54～55頁で紹介しています）。

一等航海士：九時半以降ならいつやってもいいですよ、テレグラフ*もそっちで引いて（操作して）ください。

機関長・一等機関士：じゃあやります。

一等機関士：（電話で三等機関士に）作業をやめて、排気弁のテストやって、終わったら私に連絡するようにナンバン（操機長のことで、ナンバーワン・オイラーが訛ったもの）に言ってください。

この後、朝の九時半になって一等機関士は、船橋の三等航海士に主機関を停止するために回転数を落とし始めることを連絡。ワッチの三等機関士が主機関のハンドルを握って回転数を危険回転数の少し上まで落とし、その後は一等機関士が替わって停止までもっていきました。停止後ただちに排気弁交換作業が行なわれ、主機関の実質停止時間は二四分で、再び航海を始めました。

【テレグラフ】 船長や航海士が船の速度の変更が必要になると、機関長や機関士に連絡してエンジンの回転数の調整を求めます。この連絡に用いられるものがテレグラフと呼ばれるもので、船橋と機関室に同じものがあって連動するようになっています。

写真⑪はハンブルク港の近くの模型屋で買ったペンスタンドの一部ですが、写真⑫は実物です。目盛りの一番上が「停止（STOP）」で、前方（写真⑪では右側）は「前進微速（DEAD SLOW AHEAD）」「前進低速（SLOW AHEAD）」「前進半速（HALF AHEAD）」「前進全速（FULL AHEAD）」となっています。後方（左側）はそれぞれ「後進微速（DEAD SLOW ASTERN）」「後進低速（SLOW ASTERN）」「後進半速（HALF ASTERN）」「後進全速（FULL ASTERN）」となっています。「停止」を中心にしてそれぞれ前後方向にもう一つ重要な位置があって、前方（「停止」の右隣）は、これからエンジンを使うよ、という意味の「機関用意（ENGINE STAND BY）」です。後方（「停止」の左隣）は、錨泊後あるいは着岸後にもうエンジンは使わないよ、という意味の「機関終了（FINISH WITH ENGINE）」です。

ちなみに、出港直後で前進全速になっているのに、さらに前進全速となった場合は、これから先はもう回転数を変更しないから航海速度にするようにという意味になります。ハンドルを動かすとベルが大きく鳴り響きます。普通は船橋で操作し、機関室はそれを確認したことを示すために同じ位置にレバーを引きます。アンサーバックといっています。そのうえで、それぞれの位置であらかじめ決められている主機関の回転数になるように操作します。

「テレグラフはそっちで引いてください」というのは、起動弁を交換するために停止するときも、主機関が再び使えるようになったときも、機関室のテレグラフを「ENGINE STAND BY」にするように、ということです。通常は、船橋からの要請に機関室が応えるわけですが、試運転のときや今回のような場合には、「エンジンを使うけど周辺は大丈夫?」という意味をこめて機関室から要請するわけです。

⑬吊り上げられた漏洩した排気弁

⑭吊り上げられた給油管

この日の夜のヨンパー・ワッチの終わりごろ、通信長（通称は局長）のY・Tさんは船長の指示で、翌六月二日朝九時一五分にパイロットが乗船するように手配を依頼する電報をジブチ港の代理店*に打電していました。もちろん、この時代（調査したのは一九七六年）のことですから、モールス信号を電鍵で叩いて送ったのでした。この局長は五一歳、乗船歴二五年の大ベテランで、陸上勤務は一度もしたことがないとのことでした。

六月二日（水）　ジブチ港入港、給油、出港

朝ジブチ港の港外に着きました。アフリカ東海岸で、近年海賊が跋扈（ばっこ）する海域より少し北に位置しています。電報で要請してあった朝九時一五分ではなく、一〇時一〇分に二人のパイロットが乗船し、タグボートも来ました。舵と速度を二人のパイロットが分業で受け持ち、タグはタグで勝手に押し、相互にコミュニケーションがないという、面白いというか恐ろしいというか、そんな操船でしたが、無事に岸壁に着きました。

ここは燃料の補給のためだけの寄港ですから、岸壁といっても燃料搭載専用の岸壁です。さっそく給油パイプを吊り上げて給油孔に連結する作業が始まり、一等機関士は油岸壁に降

⑯給油終了時刻について油屋さん（左）と打ち合わせをする機関長のT・Kさん（中央）と一等機関士のU・Mさん（右）

⑮事務室でリラックスする船長（中央）、航海士たち

りて現地の作業員と打ち合わせをします。
事務室では船長や航海士が全員そろって、リラックスした表情で雑談を楽しんでいました。インド洋の大時化を乗り切ってほっとしたといったところです。船長も「ここの出港時間を決めるのはこっち（航海士側）ではないから」と、のんびりした様子です。
一方、機関長と一等機関士が油屋さん（燃料会社の人）と給油終了予定時刻について打ち合わせ、給油量と給油能力とを勘案して出港は夕方の五時と決まり、船長たちに連絡していました。
給油は発電機用のA重油から始め、その後主機関用のC重油を給油し、終わったのは四時半、手仕舞いも完了したのは本当に五時で、すぐに出港して暑熱が待っている紅海に入っていきました。

【代理店】港に船が入港し出港するまでの関係官庁への入出港手続き、水先人、タグボート、綱取りなどの手配、船積み・陸揚げ貨物の書類作成・受け渡し・通関手続き、乗組員の手紙の受け渡し、食料・燃料の補給準備などが役割で、個々の海運会社が支店や出張所などがない港で契約を結んでいるサービス会社のことです。

3 ジブチを出港し、スエズ運河を抜け、ポートサイド入港まで

六月二日（水）

給油を終えてジブチを出港し、比較的穏やかだったアデン湾を通って紅海に入ると風が強くなり、また海が荒れてきました。海水温度が三五度にもなる暑熱の紅海です。そこにさらに激しい揺れが加わるのですから乗組員にとっては大変な状況です。やがて風速が一五メートルを超えるほどに強まり、そんな時化が三日も続きました。

六月五日（土）　スエズ運河着

スエズ運河のパイロットステーションに近づいた午前一一時ごろになってようやく時化がおさまりました。ボートがやってきて、ウイングと呼ばれる船橋の外側にいる三等航海士に向かって、「ここで錨を下ろさないでそのまま錨地に向かうように。二〇分後にパイロットが来る」と叫びました。そうして「煙草を！」と要求してきました。

ゆっくりと錨地に向かいますが、二〇分たってもパイロットは乗船しないどころか、パイロットボートの姿すら見えないものですから、船長のT・Hさんはややイライラしている様子です。それを見た二等航海士のH・Hさんは、「キャプテン！　ここはイライラしたら損ですよ。連中のペースに合わせないと」と、にこやかに話しかけます。船長は「そうか、そうか、ワッハッハッハ！」と大笑いです。二等航海士の見事な異文化理解と異文化適応です。航海士

がときにメイトと呼ばれるゆえんでしょう。船長とてよくわかっていることですが、インド洋の時化で難航して予定より一日遅れているし、そのうえここでパイロットの乗船が遅れてこの日の船団に入れなかったらまた一日遅れるのですから、ついイライラしたのでしょう。

なお、のちに私が乗った西ドイツ（当時）船の船長たちも「ここはエジプト時間ですよ」と言っていました。

そうこうするうちにパイロットがやってきました。以下、そのときの会話です。

パイロット：本船は何トンですか、船長？

*【メイト】航海士のことを今でもメイトと呼ぶことがあります。たとえば、チーフオフィサーと言わずにチーフメイト（一等航海士）と呼んだり、サードオフィサーと呼ばずにサードメイト（三等航海士）と表現したり。これは、帆船時代に航海士がCaptain's Mateと位置づけられ、そう呼ばれていた名残のようです。ですから、今でもある種の誇りをもって船長や航海士たちが使うことがあります。帆船時代には存在していなかった機関長や機関士は当然Captain's Mateではなかったわけですから、メイトと呼ばれることはありません。面白いことに帆船時代の海洋文学を紐解くと、船長が航海士を呼ぶ際に、職名ではなくミスターをつけて苗字を呼んでいる場面がよく出てきます。でも、そのころの部員はなんとhands（手）と呼ばれていました。船長と航海士だけでは航海はできないのに、手とはちょっとひどい表現のように思いますが、そういう時代から船は航海していたのでした。

その伝統が生きているのでしょうか、一九七八年に東京からハンブルクまで一ヵ月間乗船調査した西ドイツ（当時）のコンテナー船では、メイトは使われていませんでしたが、日本船のように互いに職名では呼ばずに、ミスターをつけた苗字で呼ぶか、あるいはファーストネームで呼んでいました。

船長：はい、五万八〇〇〇トンです。

パイロット：危険物は搭載してますか？

船長：ええ、多少積んでいます。危険物のリストはこれですが……

（とリストを見せようとしますが、最後まで聞かずに）

パイロット：いや、結構です。

トン数はすでに代理店から聞いているはずですし、危険物に関する質問も意味がなかったようですから、どうもパイロットとしての権威を示したかったようです。工業的未開発国や工業的発展途上国で乗組員が悩まされる官憲のよくあるタイプのようでした。

さらに、パイロットは船橋にあった小さなマッチを見つけてそれを手にしながら、「これもらってもいいか」と言うので、次席三等航海士のK・Iさんが「どうぞ」と言うと、すばやくポケットにしまいました。そうしてやおら煙草を取り出して、なんと船橋にある大箱からマッチを取り出して火をつけました。それを見ていた船長のT・Hさんは、「ここは確かマッチは専売で高いんですよ」と、そんなパイロットに好意的でした。

船橋では通信長のY・Tさんと二等通信士のA・Nさんが、テスターを使いながらここ数日調子が悪かった無線電話の修理に取り組んでいます。そこへ代理店のエジプト人らしい男性が寄ってきて、「テスターの回路図がほしい。私はテレビの技術者である。無線電話の修理も手伝ってやる」と言います。通信長たちは首を横に振りました。このあとこんな会話が展開します。

代理店：くれないなら写させてくれ。

通信長：断る。

代理店：では貸してくれ。次に来るときに返すから。

通信長：われわれもこれ一枚しかないから貸せない。

代理店：それなら手で書くから貸してくれ。

通信長：見ればわかるとおり、今使っているから渡せない。

この後、この代理店の男性は、「なぜ通信長たちは私を信用しないんだ。私はいつも航海日誌だって持ち出して、次に来るときに返しているのになんで信用しないんだ。日本人はいつだって俺たちと親しくしようとしない」と私にぼやきました。

一方、通信長たちは、「うっかり渡そうもんなら絶対に返ってこないんですよ。なくしたとか机の上に置いておいたとか言ってね」と言っていました。さてさて。

その後すぐに、船内の保安にあたる現地のワッチマンが船橋にいる一等航海士のT・Iさんのところにやってきて、「お茶をくれ」と乱暴な口調で言います。「そんなことは自分で代理店に言えよ」と答えると、今度は「船長室はどこだ?」と聞きました。もちろん誰も教えませんので、不満そうな表情でどこかへ姿を消しました。と、まもなく電話が鳴ったので二等航海士のH・Hさんが出ると、ギャレー（厨房）の司厨手のT・Mさんからで、「ワッチマンが飯食わせろと言ってきましたがどうしましょう？」と尋ねてきました。どうやら彼はギャレーに現れたようです。二等航海士が代理店の人に問い合わせると、返事は「食わしてやってくれ。そういうことになっている」でした。二等航海士は「本当か？　それならまぁしゃーないか。ワッチなんかせんのに飯は寄こせか」と、あきれ顔で司厨手に食事を出すように連絡していました。ワッチマンの「ダメ元」が今度は成功したのでした。

このスエズ運河を航行するときは、二名の運河パイロットのほかに、このワッチマン、日没後に強力な灯火を船首尾に取り付ける二名のランプマン、ブイ係留を補助するための六名のボートマンなどが乗り込んできます。私はこの航海だけではなく、リベリア籍の混乗船（国籍の異なる人で乗組員を組織して運航する船のこと。第6章で詳述します）でもここを航行しましたが、やはりモノや食事に関する「ダメ元」の要求にどこまで対応するか乗組員は苦慮していました。パイロットなどは、注文された献立どおりに司厨手が用意して船橋に運んだ食事にすぐには手をつけず、しばらくたってから「これサムーイの駄目ね」と、片言の日本語で冷めたと言って作り直させたりもしました。

ところが、一九七八年に西ドイツのコンテナー船で航行したときの彼らの態度はまるで違いました。ここでちょっとI丸から離れて、その西ドイツ船HK号で航行を始めてまもない朝の七時三〇分の、六〇歳くらいの大柄で太った白髪のエジプト人パイロットとドイツ人の船長G・Bさんとの会話を紹介します。

パイロット：キャプテン、朝食をお願いできましょうか、ちょっとお腹が空きまして。（と、大きな体を小さくして、揉み手しながら言いました）
船長：どうぞ、何がよろしいですか？
パイロット：有り難うございます。それではグレープフルーツ・ジュース、トーストにチーズを載せて。それと紅茶にレモン……あっ、あの、これでは多過ぎるでしょうか？
船長：いや、どうぞどうぞ。卵料理などはいかがですか？
パイロット：いぇいぇ、そんな、そんな、とんでもありません。それに卵は太り過ぎになりますので。

しばらくして朝食を運んできた司厨員のM・Fさんにも丁寧にお辞儀をしていました。あとでG・Bさんに日本船との違いを紹介したところ、「植民地根性（表現はcolonial mind）ですかね」と感想を口にしました。これは別の表現をすれば白人崇拝ということでしょうか。

実はスエズ運河当局が提出を要求する書類の量もどうも違っていたようです。I丸の事務長のH・Iさんは、「ちょっとでも不備があるとすぐに何かを要求されるから」と何日も前からそれらの書類の整備に明け暮れていましたが、それに比べて西ドイツ船ではそう多くはありませんでした。雑貨船とコンテナー船との違いもあるのかもしれませんが、時期は二年しか違わないし、制度が変わったということもないようですから、食事関係だけではなく、こういうところにもG・Kさんが言うcolonial mindが表れるのでしょうか。そうして日本人船員は余計なことにわずらわされているのでしょうか。

さて、I丸は午後二時三〇分に、指定された錨地にパイロットの操船で投錨して、翌日の運河通航を待ちます。順番は貨物船の一一番船と決まりました。

スエズ運河は南の紅海側と北の地中海側の指定錨地で船団を組み、どの船にもパイロットが乗って北行き、南行きがそれぞれ順番に通航を始め、全長一六三キロのほぼ中央に位置するグレートビター湖でいったん投錨して、互いにすれ違うようになっています。順番は指定錨地に着いた順が原則ですが、客船、タンカー、コンテナー船が先で、貨物船はその後になります。

六月六日（日）　スエズ運河通航、ポートサイド港入港

朝七時四五分に主機関の試運転を行ない、パイロットが乗船して八時半から抜錨して順番にしたがってゆっくりと運河に向かいました。そうしてまさに運河に差しかかる直前の一〇時二〇分に、本船の前を行く一〇番船、カルカッタ船籍の貨物船のパイロットの悲鳴に近い叫びが無線電話のスピーカーから船橋に響きわたりました。「全船、緊急配置を願います！　全船、緊急配置を願います！　本船の舵が故障です！（All ships please stand by! All ships please stand by! The steering gear trouble!）」と。stand byを緊急配置と訳しましたが、「何が起きても対処できるように用意しておいてください」という意味です。舵の故障とは大変なことです。本船のパイロットはすかさず「機関停止！　半速後進！　全速後進！（Stop engine! Half astern!

⑰スエズ運河を行くI丸

⑱後続船が後ろに見える

Full astern!)」と後進命令を続けて発し、先船に衝突しないよう本船の行き足（惰力）を殺すのに必死です。舵も大きく右に三五度に切って広い海域に向かいます。

船長は船橋の外側に出て、パイロットからは見にくい海域にいる他船の動静を看視し始めます。そのうちパイロットが「船長、投錨の用意をしてください！（Please stand by the anchor!)」と船長に要請し、船長は「錨要員スタンバイ」と、三等航海士のT・Iさんにマイクで船内に放送するように命じました。そうして、しばらくしてから船首を見て、「チョフサー（一等航海士）はまだかな？（船首で投揚錨を指揮するのは一等航海士なので）あぁ、来た、来た」とほっとした様子です。いざとなったら錨を下ろしてでも行き足を止めなければならなかったからでしょう。眠っていた二等航海士のH・Hさんも、放送で目を覚まして船橋に飛び込んできました。後ろに続く船も後進全速にしたようで、白い渦が船体の横のほうに見えます。

幸いに先船の操舵機の故障は直って、運河に入っていったので、本船も一〇時四五分には錨要員も解散となりましたが、なんとも緊張した二〇分あまりでした。運河に入ったあとならもっと緊張したことでしょう。なにしろこのあたりのスエズ運河の幅は三四メートルほどで、他船を避けようがないのですから。

船長はあとで、「とっさにケープ回り（スエズが通航できなければアフリカ南端のケープホーンを回って大西洋を北に進み、ジブラルタル海峡を抜けて地中海に入る航路）せにゃならんか、と考えましたよ。錨を揚げてすぐ前が遣り繰った船（手入れの行き届いていない古い船）で、やだなと思ったんですが、やっぱりですよ。ああいうのは最後に回せばいいんですよ」と、憤懣やるかたないという思いとともに、ほっとした表情も見せていました。

機関室では三等機関士のT・Oさんが、「びっくりしましたよ。舵をハードにとってるから（大きく三五度に切っているから、抵抗が大きくて）エンジンが回らんのですよ」と、そのときの様子を話していました。

⑲巨大なランプの中にいる若いランプマン

こんなことがあったあとに船は運河に入っていきました。船橋の航海士も機関制御室の機関士も、いつものように一人ではなく二人で当直につく、いわゆるダブルワッチです。

そうして、午後二時半に待避所のグレートビター湖に着いて投錨して仮泊し、紅海側に向かう船団が通り抜けるのを待ち、四時一五分に錨を揚げて再び航海を始めました。

やがて周囲は暗くなり、船首尾にランプマンが取り付けた灯火も点灯されます。このランプ、写真⑲にあるように人間が中に入れるくらいの巨大なものです。

⑳年配のランプマン

ランプマンは二人、年配のほうはこの仕事に就いて二五年ということですが、一九六七年の第三次中東戦争で運河が閉鎖され、一九七五年に再開されるまでの期間も給料をもらっていたと自慢していました。

こういうスエズ運河を通航するためだけに乗船してくる人たちの食事の世話をするのは、もちろん本船の司厨部員です。パイロットとライトマンには休息できる部屋を用意し、食事も出します。ボートマンには材料と食器を用意して、ギャレーを使えるようにします。すると彼らが自分たちで料理して食べるのです。写真㉑はボートマンがつくった料理です。

でも、彼らの要求に応じて本船が支給する材料の多さには驚きでした。米一升五合、じゃがいも四キログラム、肉四キログラム、玉ねぎ三キログラム、砂糖二〇〇グラム、紅茶半ポンド——と、六人の一日の食材としてはずいぶん多い量で、どうやら食べるより持ち帰るほうが多いようです。

㉑牛肉、ハム、玉ねぎを炒めたもの

さて、船は深夜の零時一五分に地中海側のポートサイド港のブイに係留して、入港配置が解かれました。船首では安全のために錨を二つ落と

22 水補給船から給水パイプを引き上げる甲板次長のK・Yさん

しました。狭い海域ですから風で振れ回ると近くで錨泊している他船に衝突する危険があるので、そうならないように左右の錨を下ろしたわけです。

深夜ですが、入国審査官、検疫官、税関職員などいろいろな官憲が乗船してきて、事務長はその対応に追われます。ある官憲は事務長に当然のようにライターを要求し、事務長もあらかじめ用意してあったものを当然のように渡していました。

一方、清水を管理する実務者である甲板次長（通称ダイクさん。109頁で解説しています）のK・Yさんは、入港するとすぐに清水を一五〇トン補給する作業にあたり、終わったのは夜中の二時を少し過ぎていました。

船では本当にいろいろな人がいろいろな仕事をしているものです。

この日、紅海側から地中海に抜けたのは全部で二五隻、そのうちタンカーが五隻でした。

4 ポートサイド出港からイスタンブール入港まで

六月七日（月） ポートサイド港

前夜の夜遅くスエズ運河を抜けて着いたポートサイドでは、朝から航海士や甲板部員はさっそく荷役です。

一方、機関士や機関部員は主機関のクランクケース内の点検を行ないました。その結果、八シリンダーあるうちの一番船尾側の八番シリンダーのクロスヘッドのベアリングが異常に高温になっていることが発見されました。ここはピストンの往復運動をプロペラシャフトの回転運動に換えるための重要な部分です。どうも潤滑油が充分に行き渡っていなかったため焼損したようでした。インド洋でも紅海でも大時化にさらされ、何日にもわたって船が激しく揺れ、ときには海面に叩きつけられるような過酷な航海を続けた結果です。主機関が時化と闘っている中で、このベアリングに異常な力が連続的に加わり、摩擦面のホワイトメタルが溶けて、油溝がつぶれ、潤滑油が適切に行き渡らなくなり、必要な冷却が行なわれなくなって焼損してしまったのです。

海には時化はつきものです。時化ていなくて揺れないほうがむしろまれといってもいいでしょう。でも今回の時化は異常ともいえるものすごいものでした。しかも長かったのです。船は時化ると、船体が船首尾方向に下向きに曲がったり上向きに曲がったりすることを繰り返します。それに伴ってクランクシャフトもプロペラシャフトも同じような変形を繰り返します。そういうときは、正常な爆発力に加えて、曲げによる力と揺れによる上下左右方向の加速度とがエンジンのさまざまな部分に異常な負担を強いることとなり、ときには障害を生み出します。今回もそれが起こったのです。

すぐに、潤滑油が流れるために必要な隙間の調整が行なわれました。本当はピストンを抜いて完全に開放して修理したいところですが、出港を翌日に控えていてとてもそれだけの時間はありません。停泊が長く予定されているトルコのイスタンブールで本格的に修理することにして、応急処置として間隙を調整したのでした。

六月八日（火）　ポートサイド港出港

このクロスヘッドのベアリングを本格的に修理するためには、人間が入れるほど大きいシリンダーからピストンを抜き出さなければなりません。そのうえで、ベアリングの分解となります。機関士たちが朝から設計図を睨みながらその手順を検討し、作業予定を立てていきます。そのうちに、ベアリングを吊り上げるために必要なアイボルトと呼ばれる工具や、間隙の調整に必要なマイクロゲージなどがないことがわかりました。この部分を乗組員の手で修理することは想定されていなかったからです。アイボルトはなんとか午前中に船の工作室でつくりましたが、マイクロゲージはあてがありません。

荷役が終わって午後一時三〇分に出港してイスタンブールに向かいましたが、機関士たちは非常に緊張して主機関を動かしているという感じでした。潤滑油が適切

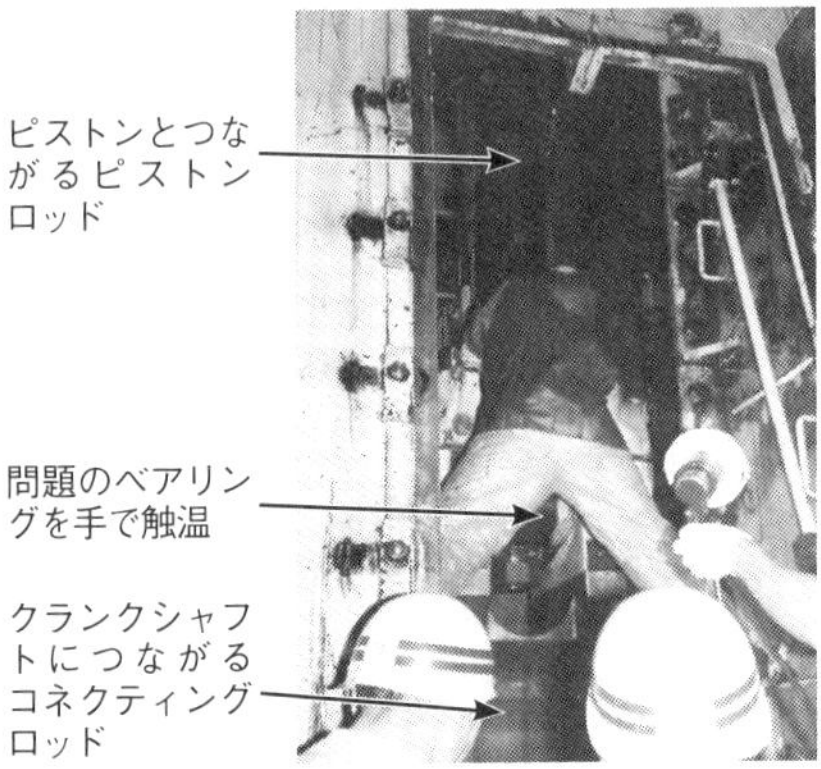

23 航海中に主機関を停止してクロスヘッドベアリングの温度を測る一等機関士のU・Mさん

に流れていないかもしれないという不安を抱えての運転ですから、それも当然です。焼き付きでも起こしたらもう漂流です。ですから、広い海域に出るとすぐに主機関を止めて、問題のクロスヘッドベアリングの点検が行なわれました。潤滑油が滴(したた)り落ちる中で、一等機関士が雨合羽を着て、直接ベアリングに手で触り過熱していないことを確かめ、また運転が再開されました。機関制御室には、「回転数は一〇五とすること、異音に気をつけ異常があればただちに九〇回転にするように」との掲示が掲げられ、夜の七時になるまでずっと出港配置のまま、いつもより多い人数で運転にあたりました。

六月九日(水)から六月一〇日(木)　地中海を航海してイスタンブール港入港

九日も航海中に何度もエンジンを止めて、問題のベアリングに触って温度が上がっていないことを確認するなど慎重な運転を続け、船長や航海士たちにとっても緊張した航海がほぼ二日続きましたが、幸い地中海もエーゲ海も天候に恵まれ、海も穏やかで、一〇日のお昼の一二時、無事にイスタンブール港に着岸しました。

機関長、機関士たちはもちろん、船長、航海士たちにもほっとした表情が見られました。途中、エーゲ海からマルマラ海に至る非常に狭いダーダネルス海峡を航行するときに、船長は「エンジン、もってくれよ！　機関長、頼むよ」という思いだったそうです。

5 イスタンブール港で主機関の大修理

六月一〇日（木）から六月一五日（火）

入港直後から問題のベアリングを修繕するための大仕事が始まり、終わったのはなんと五日後の一五日でした。

この大修理は見ていて感動を覚えるほどのものでした。人手が足りなくなると、甲板員も加わりました。甲板部の人が機関部の仕事を手伝うのは、当時としては異例のことです。どんな作業が実際に行なわれたのか、どんなにみんなで知恵を絞ったか、どれほど過酷な作業に耐えたか、詳しく紹介できるとよいのですが、ここでは二つだけ紹介しておきます。

一つは、一一日から一四日までの四日間は、朝の八時から夜中の零時まで、最後の一五日は明け方の四時まで作業が続き、三時間ほど休んだだけで朝食後の八時から再開して夕方の四時まで取り組まなければならなかったほどの大修理であったことです。まさに寝る間を惜しんでの取り組みです。

もう一つは、損傷したクロスヘッドピンの表面を再び正常に戻し仕上げる作業のことです。大人の一抱えもあるほど直径が大きく、焼き入れされてきわめて硬くつくられているピンに、マニラロープをほぐして編み直したセンニットーと呼ばれる紐を何回か巻きつけ、その両端を持った二人の機関員が交互に引いて擦って磨いたのです。それも、足場も作業空間も悪いために無理な姿勢をとりながらです。硫化モリブデンという緑色の研磨剤を使いはしましたが、見ていて気の遠くなるような作業でした。整備記録には「クロスヘッドピンラッピング、二人で三時間」としか書かれていません。整備記録などからは、具体的にどんな作業が行なわれたのか、よほど詳しい人でないとわからないものだということをしっかりと私は教わりました。

ちなみに、このセンニットーは甲板部の人たちがこの作業のためにつくったものでした。

24 クロスヘッドピンの研磨準備。センニットーを巻きつけている機関員のS・Hさん

25 クロスヘッドピンの研磨の仕上がり状態を確認する機関長のT・Kさん

また、英語に堪能な二等航海士のH・Hさんは、マイクロゲージを借りられないかと、停泊している外国船を片っ端から訪れました。マイクロゲージはベアリングの精密な間隙調整にはなくてはならない計測具です。でも結果的には、どの船ももっていないことがわかっただけでした。このことからも、この作業は乗組員の手でやるようなものではないことがわかります。結局、代理店がイスタンブール中を駆けずり回ってなんとか見つけてきましたが、借り歩いた航海士のこんな協力は機関士たちにとって本当に嬉しかったようでした。

もう一つ逸話を紹介しましょう。それは私がちょっとお役に立ったことです。昼間はもちろん夜も働き続けた機関士や機関部の人たちには、上陸する暇などはあろうはずがありません。そんな二日目の一一日（金）の朝のことですが、一等機関士のU・Mさんから「あのう、市場に行って果物買ってきてくれませんか。午後のお茶のときにみんなに食べさせてやりたいのですが」と、とても遠慮がちに頼まれました。私も大修理の様子をほとんど全部見学して記録（つまり調査）してきたのに、ここでそれを中断することにはためらいもありましたし、初めてのイスタンブールで、私もまだ上陸していなかったので街の様子もわかりません。そのため一瞬返事が遅れましたが、お引き受けすることにしました。

舷門（乗下船の際に使用される舷側にある出入口で、いわば玄関のこと）で停泊当直にあたっている甲板手のN・Mさんにおよその道を教わって無事に市場を見つけ、八百屋でかなりの量のスイカとブドウを買って担いで大汗をかきながら船に戻り、司厨手のM・Kさんに頼んで冷蔵庫で冷やしてもらいました。冷えたスイカとブドウはその日の午後のお茶の時間に、大修理に取り組む疲れきった機関士や機関部の人たちの表情をちょっとだけ明るいものにしたようです。私がお金を出したわけではなく、また調査者としていささか疑問が残ることかもしれませんが、何かちょっとお役に立てたような気分になって嬉しかったことを覚えています。私もご馳走になりましたが、暑い中での冷たいスイカの美味しさを改めて味わいました。

一等機関士のU・Mさんにしてみれば、冷房ももちろんない猛暑の機関室で、徹夜同然で修理に取り組んでいる部下を少しでもねぎらいたい気持ちがあったのでしょうが、買い物に人を割く余裕はありません。そこで目についたのが暇人（?）の私だったのでしょう。ふだんはそんな暇人はいませんから、冷たい果物を分け合ってちょっと一息つくこともできないのです。

大時化と闘い、やっと入港しても、上陸していつもと違う生活を楽しむどころか、暑い機関室での大修理に取り組む、それは機関士や機関部員たちにとって決して珍しいことではないのです。容易に上陸できないことは入港中ずっと荷役に追われる航海士や甲板部員も同じことですが。「港みなとになんとやら」と言われたようなことは昔、それも大航海時代にはあったのかもしれませんが、現代の船乗りには縁のないことです。

さて、修理が完了した一五日（火）の夕食には、写真㉖にあるようにお赤飯に鯛の尾頭付きが出ました。修理が終わったことを祝い、寝る間も惜しんで取り組んだ機関部の人たちをねぎらう司厨部の人たちの心遣いです。

㉖祝い膳

このように船の中では、いろいろな技能をもついろいろな職種の人たちが協力し合って問題の解決にあたる必要があります。そうであるからこそ船内の人間関係は非常に重要です。全体としてよい人間関係が結ばれていれば、この船のように必要な協力が円滑に行なわれますが、そうはいかないことも少なくないようです。

人間関係がよくなければどんなに大変なことでも「よその仕事」は「関係ない」こととなり、ましてこのような祝い膳などは出てこないでしょう。

6 イスタンブール出港からピレウス入港まで

六月一七日(木)

朝食後、いつものように主機関の試運転を済ませます。試運転といっても、船は何本もの太い係留索と通常スプリングと呼ばれる太いワイヤーで岸壁につながれている状態ですから、プロペラを前後方向にほんの一～二回転させるだけです。その間に各部の温度や圧力を確認し、異音がないかどうか判断するわけです。今回は主機関の大修理をしたあとだったので、いつもよりも多い人数を配置して慎重に実施しました。一等機関士は聴診器ならぬ聴診棒で内部の音を探っています。太い針金の一端に耳を当て、他方を聴きたい部分に当てると、見えない内部の状態がベテランであればわかるのです。いつもは制御室にいる機関長のT・Kさんもヘルメットをかぶって修理したシリンダーのそばに立ち、その様子を見守っていました。

27 聴診棒で内部の様子を入念に知ろうとする一等機関士のU・Mさん

出港して航海状態に入っても、この聴診棒で内部の様子を確認する作業は続けられ、広いマルマラ海に出たところで、主機関をいったんしばらく停止しました。修理をした八番シリンダーのクランクケースドアーを開けて、雨合羽に身を包んだ一等機関士がクロスヘッドベアリングに触って温度、つまり潤滑状態を点検するためです。結果は大丈夫だったので再び航海を続けました。

六月一八日（金）　エーゲ海航海中

ダーダネルス海峡も無事に抜けてエーゲ海に出たところで、また主機関を停止して点検し、問題がないことを確認しました。このときは機関長のＴ・Ｋさんもクランクケースに入って、足場が悪いなかで触温をしていました。機関長自身がこんなことをするのは当時としてはとても珍しいことで、それだけ心配だったのでしょう。自分で触ってひとまず安心したようでした。

こうして美しいエーゲ海の航海が順調に続けられました。ギリシャのピレウス港に着けば私の調査も終わりになります。

㉘歓送焼肉パーティー。右端が筆者

この日の夜は七時から私の送別会を開いてくださいました。メスルームと呼ばれる部員食堂（95・195頁の解説を参照してください）の三つの大きなテーブルに、これまた大きな鉄板が置かれて、みんなが大好きな焼肉パーティーです。大量の牛肉、海老、野菜、それにビールもたくさん用意され、船橋と機関室で当直をしている四人を除いて全員が参加し、まさに飲めや歌えの大宴会でした。八時からの当直の人はほとんど飲まずに早めに食べて、歌って早く切り上げ、八時を過ぎると当直を終えた人が加わって、食べて、飲んで、歌います。もちろん無礼講ですから歌う船長の隣で若い甲板員が手拍子を打ったりする風景も見られます。みんな笑顔、笑顔、笑顔です。「降りないで、このまま日本まで乗っていきなさいよ」とか「日本に戻ったとき、写真持ってきてくださいね、働いているとこの写真なんて一枚もないスから」なんて声もかけてくださいます。調査ということでいろいろと迷惑をかけたよそ者である調査員を、こんなふうに送ってくださる気持ちが嬉しくて感激しました。

六月二〇日（日）ピレウス港入港

アテネとピレウスの地理的な関係は、ちょうど東京と横浜に似ています。そのピレウス港はエーゲ海のクルーズ船やフェリー、それにたくさんのヨットが往来しています。本船はそんな中をパイロットの操船で無事に着岸しました。岸壁には私と交代して復航の調査を担当する青木修次さんが待っていてくれました。

五月一三日に横浜を出てから三八日目のことです。新しく乗船してきた人が多かったために、いささか緊張した雰囲気が醸し出されていた横浜からキールンまでの航海、一つ間違えば事故になったかもしれないキールンでの台湾船の投錨時の不可解な行動、戒厳令下の夜間荷役、ライトアップして走った台湾海峡、主機関の起動に欠くことのできない空気圧縮機の故障、シンガポール出港直後の緊急無線受信（以上、1節）、夜間のマラッカ海峡通過、荒れ始めたインド洋での操練、長く続いた大時化の中で主機関を空転させないようにハンドルを握った手動運転、アフリカ東海岸での燃料補給（以上、2節）、スエズ運河に入る直前に聞こえた前を行く船のパイロットの悲鳴、スエズ運河航行のために乗船してくる現地スタッフの理解し難い食料の要求、そうして主機関の損傷の発見（以上、3節）、イスタンブールでの主機関の大修理、そこで見られた船内の細やかな人間関係（以上、4～6節）、などなど本当にいろいろなことがあった三八日間でした。

そうして見えてきたことは、どんなことが起きても船で働く人々がその現実を受け止めて、その時々にできることを淡々と、しかし懸命にこなしていくことでした。船で働く人々は、たとえ過酷な現実にさらされても逆にその現実を活かして、働き生きていく逞しさも、したたかさも、柔軟さをもあわせもっているといってもよいでしょう。何が起きてもなんとか自分たちで対応し解決して、人命、船体を守り、貨物を損傷することもなく荷主の求めるとおりに無事に届けるために、あらんかぎりの努力をする船長以下四三名の乗組員の働きと生きざまには本当に頭が下がる思いであり、感動的でした。

六月二三日（水）　下船

私が下船したあともやはりいろいろなことがあったことを、交代した青木さんが記録しています。それらはどれももちろん興味深いものですが、私自身が観察し記録したことではないので詳細は控えるとして、航海の概要だけを紹介しておきます。

ピレウスで荷役を終えたI丸は六月二五日（金）の夜に出港し、再びダーダネルス海峡を通ってマルマラ海を経由して、イスタンブールを横に眺めながら二六日（土）の深夜にボスポラス海峡を抜けて、当時は社会主義圏だった黒海に入っていきます。そうして、六月二七日

（日）の朝にはルーマニアのコンスタンツァ港に着きましたが、ここでの荷役はきわめて能率が悪く、出港できたのは一三日後の七月一〇日（土）でした。

でも、六月二九日（火）には主機関の八番シリンダーを開放して、イスタンブールで修理したクロスヘッドピンのベアリングがよい状態にあることが確認できて、機関長のT・Kさんが「これでやっとほっとした」と口にしたことが青木さんの記録にあります。この一言に、ベアリングの損傷が発見された六月六日（日）以来、ずっと機関長、機関士たち、そうして機関部員の頭から離れなかった不安が解消されたときの気持ちが端的に表れているように思います。

コンスタンツァを出たその日の夜にはブルガリアのブルガスの港外に着きましたが、船混みで空いている岸壁がなく、なんと二週間近くも港外に錨泊しなければなりませんでした。そうして、荷役を終えてやっと出港できた八月三日（火）までの二五日もの長きにわたってここで過ごしたのでした。その後、再び地中海側に出てきて、トルコのバンディルマ、スエズ、アデン、ホンコンの各港で荷役を行ない、内地のファーストポートの神戸に着いたのは八月二九日（日）、横浜に戻ったのは九月三日（金）でした。五月一四日（金）に横浜を出てから実に一一一日ぶりのことで、当初の予定よりもおよそ一ヵ月以上も長い航海となりました。

本章1節から、荷役装置を備え、日本と黒海とを結ぶ雑貨船のI丸について、横浜からギリシャのピレウスまでの航海経過を紹介してきました。貨物船というものが、どんなふうに航海し、そこで人々がどんなふうに働き生きているのか、その一端を垣間見ていただけたかどうか心配ですが、ひとまずI丸に限った航海の紹介は終わりにします。

最後に余談を一つ加えておきたいと思います。それは司厨手のＭ・Ｋさんのことです。創立されてまもない財団法人海上労働科学研究所の研究員だった神田道子さん（のちの東洋大学学長および国立女性教育会館理事長）と、同じく嘱託研究員だった岸田孝弥さん（のちの高崎経済大学名誉教授）のお二人は、一九六八年に雑貨船のＳ丸が内地回り（貨物の積み降ろしのために日本国内の港を回ること）をしている間に乗船して調査を行なったことがありますが、なんとＭ・Ｋさんはそのとき司厨員として乗船していて、当時の二人のことをよく覚えていました。Ｍ・Ｋさんは私がＩ丸でお世話になってまもなく司厨長に昇進し、混乗船（後述）にも乗船したのちに関連会社の社長となりました。そうして私の混乗船に関する調査ではずいぶんとお世話になることになりました。有り難いご縁です。

（1）高橋茂『氷川丸物語』かまくら春秋社、一九七八年

第3章

何が起きても乗組員の手でなんとかしないと

前章で紹介したように、船ではいろいろなことが起きます。原因は何であれ、起きるはずがないと考えられていることだって起きます。何かが起きれば船の乗組員はとにかく対応しなければなりません。学生時代に私が読んだ有名な海洋作家のコンラッドの名作の一つである「青春（原題はYouth）」には、小型の帆船でロンドンを出発してバンコクに向けてインド洋を航海中に、船倉の積荷の石炭が自然発火し、消火のために海水を必死に汲み上げて船倉に注入すると同時に、船が沈まないように船倉に溜まった海水を必死に汲み出す乗組員の働きが描かれています[1]。消火に使った水を船ではそのままにはできないことを教わりました。

当たり前のことですが、船は海を走って港から港へと荷物を運んでいます。海を走っている間は、普通の人の生活圏を遠く離れているわけですから、何か、たとえば故障などの困ったことが起きても、すべて乗組員の手で対応しなければなりません。自動車交通のように近くに整備工場があるわけではなく、もちろんロードサービスもありません。何か困ったことが起きても、入港するまでは外部から技術的な支援や人的な援助を受けることが非常に困難です。ですから、船には「自己完結性」が求められていて、このことは海上労働の一つの大きな特徴となっています。

乗組員は、何が起きてもなんとかするために、船ならではの働きをしています。そんな様子を具体例で紹介していきます。

1 積荷から何かがデッキに流れ出ている！

まずは、一九七三年にコンテナー船で起きた、積荷に異常が発生した例です。第1章でも紹介したK丸（三万二三四三重量トン、乗組員二六名）での話です。

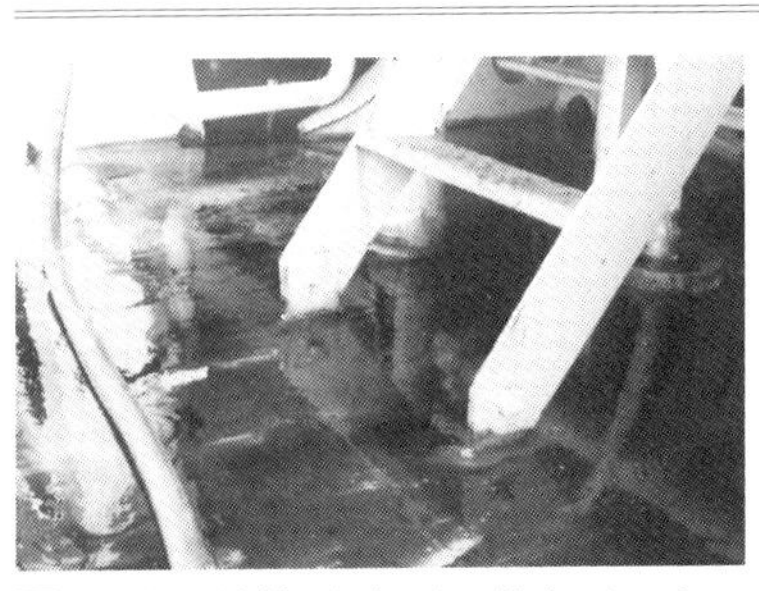

1赤紫色の液体がデッキに流れている

カナダのセントジョン港を出港した翌日の一一月二〇日（火）の朝、甲板長（通称ボースン。英語のBoatswainが訛ったもの）のK・Yさんはいつものように六時前に起きて、船橋で当直中の一等航海士のT・Iさんと簡単な打ち合わせをしたあとデッキのコンテナーの見回りをはじめた。そして二五番船倉付近のデッキに、何か赤紫色の液体が流れていることを発見した。

どうやら、デッキに二段積みされている上側のコンテナーから流れ出ているらしい。ただちに報告を受けた一等航海士は、午後から処置することとし、有害物かもしれないので近づかないよう

2防護服に身を包んで漏洩源の調査を始める一等航海士のT・Iさん

3漏洩しているコンテナーの内部を調査する甲板手のK・Sさん

に指示した。八時に当直を終えた一等航海士は、朝食後に事務室で積荷リストを調べてみたが、明確に記載されてなくて、(流出物が)何かわからなかった。

午後一時から、ゴム引きの防護服に、防毒マスクをかぶって、一等航海士、甲板長、日勤甲板手のK・Sさんの三人で、先ずはどのコンテナーから流れ出しているのかを慎重に見極めることから始めた。

やがてそれが判明したので、封印を破ってコンテナーを開き中に入ってさらに詳細な点検を行なった。

その結果、コンテナー内に二段積みされていたドラム缶の上段の一個が倒れ、それから赤紫色の液体が流れ出していることが判った。ドラム缶はコンテナー内の全面にわたって二段積みされていたわけではなく、一部が二段となっていて、鉄バンドで簡単に止めてあっただけだったのだ。そのバンドの切れ端が倒れたドラム缶の脇に落ちていた。結局、上段のドラム缶を固縛していた鉄バンドが薄くて細く、強度が不足していたために、なんらかの衝撃を受けたときに切断されてドラム缶が倒れ、その際にドラム缶の胴にあるふくらみの部分がちょうど下段のドラム缶の上端の

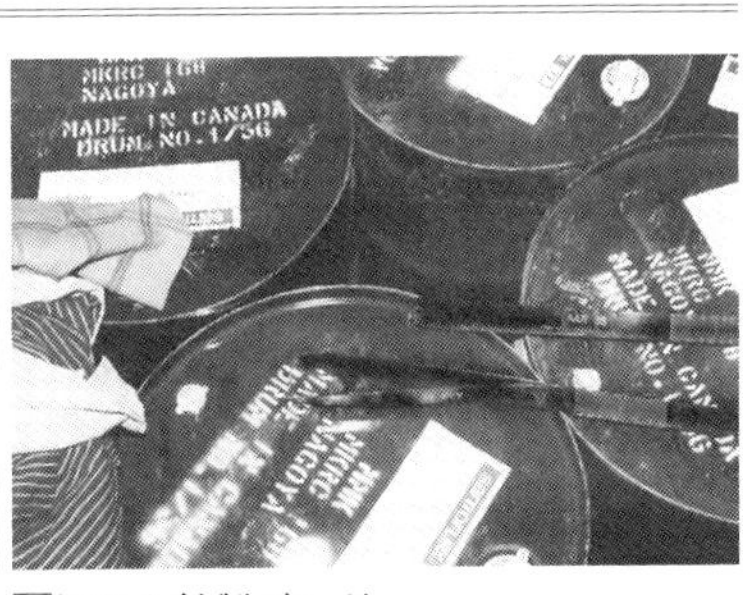

4切れた鉄製バンド

5指差す先が破損穴

ふちにあたって穴が開き、内容物がほとんど全部流れ出したと考えられた。

そこで甲板長たちは倒れたドラム缶を立てなおし、船のロープで改めて厳重に固縛し、周囲を拭きとったあとコンテナーのドアーを閉鎖し、汚れているデッキを洗い流して一応作業を終えた。

一等航海士のT・Iさんは事務室に戻り、ドラム缶に印刷してあるRUBBER ANTI OXIGENという表示を頼りに、事務室に備えつけの化学辞典で調べるが記載がなく、正体不明なまま本社宛の報告書を書かねばならなかった。

そしてこのトラブルは、この日一日への影響にとどまらなかった。海水で洗い流せないベイのカバーの上に溜まっている液体がじわじわデッキに流れ出してくるし、それを洗い流しても落ちきれない。そのため、安全靴の底について居住区に入りこみ、折角磨きあげてある床もたちまち汚れてしまう。結局、甲板長と日勤の甲板手の二人で、翌々日、デッキのペンキ塗りをして、おさえざるを得なかった。

このコンテナーはセントジョンで積んだものであり、出港以来本船は揺れていない。したがって、ドラム缶が転倒したのは、本船に積む前と考えられる。前述したようないい加減な固縛であるから、港に向けてトレーラーで運んでいる最中に、急発進したか急ブレーキをかけたかして、バンドに重みがかかり、そのバンドが強度不足のために切断され、その結果ドラム缶が倒れたと考えるのが妥当な推理であろう。いずれにしても本船側の責任外のことであるにもかかわらず、前述したようなさまざまな仕事を船側に課したのである。

コンテナーが海陸一貫輸送とうたわれ、責任と業務範囲の分業が成立しているはずであるが、実際にはそうばかりでもなく、オカのいい加減な仕事の後始末を、フネでやらなければならないことが良くあるが、これもそのよい一例であった(2)。

2 主機関のピストンリングが折れていた

前節のコンテナートラブルの一週間ほど前に、同じコンテナー船のK丸で起きたことです。

一一月一三日の火曜日、ニューヨークに入港してすぐ、いつものように両舷主機のクランクケースおよび排気管の開放点検が実施された。左舷機を三等機関士のK・Tさんが、右舷機を二等機関士のY・Mさんが担当し、それぞれ機関員が一人ずつ照明用の移動灯を手にして補助をしている。この点検は、エンジンの冷えないうちにやってこそ意味があるとはいうものの、それにしても非常に熱い。潤滑油でつるつるすべりやすいので、足場を一層悪くし

6 クランクケース内部を点検する三等機関士のK・Tさん

7 点検途中、氷水で一息つく

ている。

二人の機関士はヘルメットをかぶり、ヘッドランプをつけ、トーチランプとハンマーを持ち、靴にはすべり止めとして布カバーをかぶせ、すべての締付部分、すべての間隙などに対し、一つ一つ入念な点検を続ける。作業服は、外からは油で、内からは汗で、たちまちグッショリ、真黒になってゆく。

一二気筒のうち、三気筒をすませた三等機関士は、氷水をガブ飲みしていた。

この氷水は、たまたま通りかかった停泊当番の機関員のY・Hさんが、気をきかせて氷を入れた水を薬缶で持ってきておいたものである。その機関員は「この仕事は、ディーゼル船の機関士にとって最もきつい仕事でしょうね。でも絶対必要な仕事なんですよ」と言っていた。

こうして、クランクケース内も、排気管内も、要するに人が入れるところ、さわれるところ、見えるところは徹底的に点検された。その結果、右舷機の七番気筒のトップのピストンリングが折損していることが発見されたのである。

この発見はただちに一等機関士のM・Oさんと機関長のS・Yさんとに報告され、協議の結果、次港のセントジョンでピストン抜きを実施することが決定され、機関部員には勿論、船長のT・Sさんにも報告された。

機関長は私達に次のように語った。

「次港セントジョンでピストンを抜きます。折れているのはトップのピストンリングだけだし、そのかけらも排気管内でみつかっていて、このままでも日本に帰れると私は判断しています。昔とちがって最近は乗組員の手でピストン抜きはほとんどやりません。ドック（造船所）でやるんです。だから、最近ではピストン抜きを知らん者もおるんです。でも、現実には船で抜いてなおさなければ走れん場合だってあるのです。知らんですむほど、未だエンジンの信頼性が高くはなっていません。だから今回は、乗組員の教育ということを考えて、大変な仕事ではあるけれども、機関士は優秀だし、部員もそろっています。たとえ人数が少なくても、今の本船の技術とまとまりがあれば充分やれる仕事です。そう考えて、ファーストエンジニアー（一等機関士）と相談して抜くことにしました」

こうしてニューヨークを出港すると、ピストン抜き出し用具の準備、各部締付圧力の確認が行なわれていた。また、夜になってからは自室で完成図面を調べて構造を再確認している若い機関員のM・Fさんの姿もみられた。

一一月一六日の金曜日にセントジョンに入港し、機関終了となった直後の午後三時過ぎから、ピストン抜き作業が開始された。

上段でシリンダーカバーの取り外しにかかるグループと、下段でピストンとクロスヘッドとの縁を切るグループの大きく二手にわかれて仕事はどんどん進められ、夕食前にはすでにピストンは抜かれた。

夕食後に作業は再開され、夜の八時頃にはシリンダー、ピストン、各ポート、すべて掃除も終わり、折損したリングの溝に対して入念なカラーチェックが行なわれ、新しいリングもはめられ、あとは抽入して復旧するばかりとなった。

この間、全員が手を休める間もなく立ち働き、作業手順の先々を読んで必要なものを準備し、きつい仕事や不自然な姿勢でせざるを得ない仕事は、若い者が率先し手をつけ、年配者は困難な仕事に取り組むなど、一等機関士の指揮の下に見事なチームワークで作業を進めていた。一等機関士とて、ときにスパナーを持ち、ときにクレーンを操作するなど、指揮・監督・検査・安全への配慮だけでなく、直接的な作業も実施していた。また機関長もヘルメットと安全靴に身を固め、仕事はすべて一等機関士にまかせつつも、目は吊り上げフック、作業者の足場へとそそがれ、全員からの盲点になりやすい点への注意をそそぎつつ、ときには手が足りなくなったりすると、必要な道具を手渡したりしていた。

途中、一時間ほど休憩したところで、燃料油一〇〇〇トンの本日分の積み取りである。バージ（油運搬船）が遅れたりして、結局全部終了したのはもう夜中の二時過ぎだった。

一等機関士：御苦労さん！　明日はピストンの復旧、それに残り二〇〇〇トンの油積みが待ってますから、みんなできるだけ良く寝て下さい。もうあんまり時間がないけどね。

こうして、翌朝八時には、全員朝食をすませて、コントロールルームに集まり、作業の打ち合わせが始まった。

一等機関士：昨日から疲れているし、睡眠も不足しているから、今日は怪我のないように各自十分注意して下さい。お茶まで（午前一〇時ごろ）には終わると思ってます。そのあと、燃料（搭載）ですね。

作業は開始され、すっかりきれいになったピストンは吊り上げられ、これもピカピカに光っているシリンダーの中に静かに降ろされてゆく。

途中、テレスコピックチューブの嵌合の際は、上と下とで連絡しあっている一等機関士と二等機関士の声も自然大きくなる。

無事ピストンを収めて、クロスとの接合、シリンダーカバーの取り付け、各パイプ類の取り付けがどんどん進められてゆく。このまま進んで予定より早く終わるかと思われたが、最後の最後、燃料パイプ関係の直径二センチほどのフクロナットに不具合のあることがわかって熔接することとなり、結局その小さなナットのために二〇分以上を要し、結果的に予定通り一〇時に全て完了した。

もっともその熔接をしている間に、それ以外の人は、道具の片づけやプレート拭き（床板の拭き取り）などをやっていたのであるから、同じだったかもしれない。熔接をした操機手のT・Fさん

8 吊り上げられた主機関ピストン。手前は機関長のS・Yさん。作業で軍手が汚れている

は、「いや、こういうもんですよ。あんなデッカクて面倒なピストンが簡単に収まって、こんなケチなネジで時間をとられる。それが整備作業ってもんですよ」と苦笑していた。とにかくこうして、燃料補給と重なってしまったが、ピストン抜き、ピストンリング交換作業は、機関長が語ったとおり、乗組員の技術とまとまりによって、無事に終了した。

コントロールルームに集まって、コーヒーを飲みつつ一休みする皆の顔には、疲労の色が浮かんではいたが、明るい表情もみられた。前日は朝八時から航海当直に続いて、その夜のMゼロ当番（夜間に主機関などの無人運転をするための配置のこと。本章2・3節で詳述しています）にあたっていた一等機関士は朝の六時から、入港スタンバイ、ピストン開放、それに深夜にやった一〇〇〇トンの燃料油の補給、そしてこの朝の作業と続いてきたのであるから、疲れの色を見せるのは当然であるし、また、本船就航以来の大仕事であるピストン抜きを、信頼できる仲間と共に無事に終えた喜びが、明るい表情をも見せていたのであろう(2)。

こうして巨大なピストン抜きは無事に終了しましたが、ここでもっとも若い機関員、一九歳のM・Fさんのことにふれておきたいと思います。

彼は入社以来、在来船に乗ってきていて、ピストン抜きを良く体験してきていた。そのため、大きさこそ違うとはいうものの、その若さにもかかわらず上の人からいちいち指図されるまでもなくどんどん仕事を進め、十分一人前の戦力となっていた。ピストンの上にしゃがんでするスケール落としとか、シリンダーのポート掃除あるいはランタンスペースの掃除など、きつい仕事、汚い仕事を誰に言われるでもなく自分でどんどんやっていた。しかも、ニコニコ笑いながら「はい、それは私の仕事です」といってとりかかるのであった。在来船での体験と性格の良さとを充分に発揮し、重要な戦力として働いたこの若い機関員のことは特筆すべきである。操機長のM・Aさん以下六名の機関部員の中に、一人でも戦力にならない者がいたとしたら、これほどスムースに短時間にピストン抜きができたかどうかと考えさせられるほどであった。

あとで、この若い優秀な機関員のM・Fさんに話を聞いてみると「在来船で（ピストン抜きは）ずいぶんやったし、それに本船で前のナンバン（操機長のこと）から道具についてコテンパンにしぼられたんですよ。教わっておいて良かったですよ。汚い仕事ですか、あぁ、あれはね、どの船でも若いのがやった方が良いことになってるんですよ（写真⑨）。汚い仕事ってのは誰だってやるのはいやだし、やらせる方だっていやだろうと思うんです。だから僕は、言われる前にやるようにしてるだけですよ。はじめからそのつもりですから、ほら、この作業衣、仕事終ったらレッコしてもいいように（捨ててもいいように）、一番ボロイやつなんです。前のナンバンが捨てるというのをもらっておいたんです。穴あいてんのを荷造りテー

⑨主機関のピストンヘッドのスケール落としをする19歳の機関員M・Fさん

プで張ってあるのは、ちょっとイカサナイケドネ。だけど、本船は良いですよ。ほら、見てたでしょう。僕がやっていると、先輩が〝かわってやる〟って言ってくれるでしょう。言うばかりじゃなく、実際にかわってもくれますからね。あんな風だと僕だって張り切っちゃうんですよ。

船によってはね、若いのがやってあたりまえだってな調子で、知らんふりしている先輩も多いんですよ。そうなると、こっちだって、エーイ、クソ、何で俺だけがやらんといかんのかいと思っちゃうし、時には、命令されるまで待ってやろう、なんてひねくれたりもしますよ。本船は、ほんとにいいですよ」と言っていた。

最近こそあまりやらないとしても、目下のところは誰もがピストン抜きの経験者であり、技術も持っている。特に操機手のT・Fさんはかつて造船所に出向していたときに、毎日のようにピストン抜きをやっていたので大ベテランであった。そのため、機関士の手間が省けた部分が相当あったように見受けられた。

こうしたことと、一方機関長が語った「機械というものは、どんなに気をつけて、取り扱ってもこわれることがあるもんです。そして、船の機械の故障の場合には、なにがなんでも修理せねばならんこともあるのです。まあ、今回は前にもお話ししたとおり、必ずしも絶対抜かなきゃ走れんというものではありません。でも、絶対抜かなきゃ走れんことだってあるんですから、やはりそれに必要な技術や経験を持っていることが必要だと私は思います。まあ、今度は深夜の油取りと重なっちゃったんで、よけい乗組員はシンドかったと思いますが、こういう経験をしたということは良かったことでしょう。この人数でもできたってことは自信にもつながるでしょうしね。

でもね、どの船でもこういくかどうかはわからんのですよ。本船は、技術的にも性格的にもそろってるし、普段一等機関士が良くみんなをまとめて引っ張っていてくれるから、こういうイザッていうときにも、少々キックってもみんな気持良く働いてくれるんです。だからできたんですよ」という言葉の意味することを合わせ考えると、定員という問題を論ずることの難しさを感じさせられた。

なおこの言葉に引き続いて、機関長は「こういう良い部下を持つということは有り難いことです。安心していられますからね。そのかわり、上に立つ私としては、良い部下たちが今後とも技術的にも、また社内的にも伸びてゆけるように、いろいろと努力しなければいけないし、それは良い部下を持った者の義務ですよね」と語ったことも合わせ紹介しておこう。(2)

なお、このときのピストン抜きのベテランであった操機手のT・Fさんは、まもなく操機長となって、初期の中国人船員との混乗船で活躍しました。また一等機関士のM・Oさんは、機関長を経たあとにこの海運会社の監査役として、さらに関係会社の社長として長く経営にあたりました。優秀な若い機関員のM・Fさんは、つい最近三七年ぶりにお会いしましたが、K丸のあとに何隻かの乗船勤務を経て、支店勤務中に猛勉強して機関士の海技免状をとり、機関士として長く乗船勤務し、現在は関係会社の技術部長として海外を飛び回る日々を送っていました。機関長が「良い部下を持った者の義務」を果たしたせいでしょうか、「良い部下たち」はここに紹介した三人に限らず、その後、社内的にも大いに活躍したのでした。

3 夜中に主機関の異常を知らせるMゼロアラームが鳴りわたる

Mゼロ方式と当直交替方式

Mゼロとは、主として大洋航海中、昼間に機関士たちが点検・保守・整備作業を入念に実施して、夜間は機関室における当直をなくす運転方法（Machinery Room Zero）のことで、機関の夜間無人運転と呼ばれることもあります。定められた設備基準をクリアーして建造され、検査に合格してMゼロ資格をもつ船で、毎日の詳細な点検で機関システムに問題がないと判断された場合に限って、夜間の機関室や機関制御室に当直者を置かない無人運転（Mゼロ運転）ができます。ただし、Mゼロ運転を行なう場合でも機関士と機関部員のそれぞれ一人が当直者、通称Mゼロ当番として指名されますが、機関室で勤務しなくてもよいことになっています。

点検は、あらかじめ定められたチェックリストに基づいて、二時間くらいかけて数百ヵ所の温度、圧力、流量などについて機関士や機関部員が手分けして行ないます。また、無人運転中に何か異常が発生すれば、アラームが機関室、居住区、機関長室、船橋で鳴るようになっています。当番機関士の居室でも鳴りますから眠っていても起こされます。これがMゼロアラームと呼ばれるものです。こうした異常状態に対しては、主としてMゼロ当番がまずは対応します。

当直交替制

こうしたMゼロと呼ばれる機関の夜間無人運転が可能ではない船では、当直とかワッチと呼ばれる交替制が敷かれますが、船では次のようなちょっと変わった交替制となっています。

船は夜も昼も休みなく航海を続けるのですから、船橋では航海士と甲板手（操舵手と呼ばれていたこともあります）がペアーを組んで交替で操船にあたっています。一方、航海を続けるためには、主機関をはじめとして、発電機や補機と呼ばれるいろいろなポンプや圧縮機なども休まずに運転されている必要があります。そのため、機関室では機関士とその補助をする操機手と機関員たちがペアーを組んで交替で運転にあたります。これを船橋でも機関室でも当直と呼んでいます。ふだんの会話ではワッチと呼ばれることが多いようですが、これは英語の watch keeping からきています。

一回の当直時間は四時間で、三組のメンバーが一日二回ずつ行ないます。

夜中の零時から四時までと一二時から午後四時までは、船橋では経験を積み体力もある二等航海士が、機関室では同じく二等機関士が担当し、あだなは「ドロボー・ワッチ」です。

四時から八時までと午後四時から午後八時までは、日暮れや夜明けの時間帯で気象や海象が複雑に変化する状況におけるワッチですので、ベテランの一等航海士と一等機関士が担当し、あだなは「ヨンパー・ワッチ」です。

八時から一二時までと午後八時から夜中の零時までは、船長や機関長が起きている時間帯でもありますので比較的経験の浅い三等航海士と三等機関士が担当することが多く、「ハチゼロ・

ワッチ」と呼ばれますが、あだなは日勤に近い勤務ですので「殿様ワッチ」です。

このように当直の時間帯と当直にあたる人は固定されていて、交替制勤務の形態としては特異なものです。日本ではワッチワッチと呼ばれることもあります。

この当直交替方式はずいぶん昔から世界の海運国で使われてきました。帆船時代を取り上げた海外の海洋文学には、「八点鐘がなかなかやってこない」などという表現がよくあります。これは船橋の外に下がっている時鐘で、当直時間の経過を次のように知らせていたことからきています。当直を始めて三〇分後に鐘を一回打ちます。さらに三〇分を過ぎた一時間後には二回打ちます。こうして三〇分ごとに打つ回数を一回増やしていくと、四時間後には八回打つことになり、それは当直交替、つまり仕事から解放されることを意味します。

大時化の折に何かにつかまって耐えているようなときや、暑くて騒音の激しい機関室での当直では、本当に八点鐘が待ち遠しいものです。私も学生時代に何度も体験しました。今日でもたいていの船に時鐘はありますが、鳴らすことはしません。

こうしたMゼロの導入によって、機関士たちの当直方式が大きく変わったのです。前述したように、自動化や遠隔化などをはじめさまざまな技術革新を導入して、ある一定以上の設備条件と一定の運転条件とを満たした船では、夜間（たいていは午後六時から翌朝六時まで）は機関室や機関制御室に誰もいなくてもよくなったのです。つまり夜間の当直がなくなったのです。といっても、そのかわり昼間（たいていは朝の八時からお昼の一時間を除いて夕方の五時まで）に、M

10 昼間の入念な整備作業。発電機用ディーゼルエンジンのシリンダーカバーの交換。左から三等機関士K・Tさん、操機員Y・Hさん、操機手S・Fさん、操機員M・Fさん

11 Mゼロ点検中のMゼロ当番、二等機関士Y・Mさんとチェックリストを手にする操機手T・Fさん

ゼロ当番を除く機関士、操機手、機関員の全員で手分けして各部の入念な点検・整備・修理にあたり、機関システムを最良な状態にもっていきます。そうして午後の三時ごろから、チェックリストに基づいて二時間くらいかけて数百ヵ所の温度、圧力、流量などを点検して、問題なく最良の状態にあることが確認されればMゼロ運転に入ります。

もちろん、沿岸や狭い海域を航海しているときなど、速度を変更する、すなわち主機関の回転数を変更する必要が予想されるような場合には、Mゼロにしないで従来どおりの方式(ワッチワッチ)で当直にあたります。

日本では、一九六九年に第一船が就航し、その後一挙に増えて、新造船では例外なくMゼロとなりました。こうしてある一定の条件の下とはいえ、機関士たちは夜間の当直から解放されましたが、どんなときでも夜間の当直から逃れられない航海士との間にアンバランスが生じたと西部徹一博士は指摘しています[3]。

確かに夜間の当直からは解放され、身体的には負担が減った面ももちろんありますが、精神的にはかえって負担が大き

くなっている面もあると指摘する機関士は少なくなく、のちに第8章2節の有給休暇の節で具体例に少しふれます。

Mゼロの実態

これもコンテナー船K丸の調査で観察記録されたものです(2)。

K丸ではMゼロ運転中は、毎晩交替で、機関士と機関部員の操機手や操機員が一名ずつ、計二名でMゼロ当番となり、異常状態に対応していました。

ここで、実際にアラームが鳴ったときの様子を記します。

一〇月三〇日(火)、夜九時三五分にアラームが鳴り、当番の二等機関士のY・Mさんはエレベーターに飛び乗ってコントロールルームに降りました。同じく当番の若い操機員のM・Fさんは二等機関士より一足早くコントロールルームに飛び込み、警報発生箇所が右舷主機のピストン冷却水タンクの低水位であることを確認。ただちに二人で階段を四階分駆け降りて現場に急ぎ、弁操作を始めましたが、その途中で、メインエンジンは自動的にスローダウンしました。このころには機関長のS・Yさんもコントロールルームに来ました。やがて主機関がスローダウンとなるや、眠っていた一等機関士のM・Oさんも、本を読んでいた三等機関士のK・Tさんも、一杯飲みつつビデオを楽しんでいた二人の操機手のT・FさんとS・Fさんも集まってきました。

結局、動揺で船体が大きく傾斜して一時的に冷却水タンクが低水位のような状態になったときに、センサーが働いてアラームが鳴ったものと判断されましたが、念のため若干の冷却水を補給しました。

ここでちょっと余談ですが、時化て船が揺れているときにお風呂で顎(あご)まで浸かっていると、水面がすうーっと上がってきて顔がお湯の中に入ります。ここで慌てずにそのままにしていると、船がじわーっと反対方向に傾いて、顔が自然と出て、ときにはお腹まで出ます。そのままにしているとまた顔が沈みます。あとはこの繰り返しで、船でしか見られない入浴風景です。これと同じことで、今回はお腹まで出たときにタンクのセンサーが慌てて作動したということでしょう。

ここで二人の当番以外の人は、それぞれ自室などに戻っていきましたが、当番の二人は再び回転数を上げ、整定するまで約一時間、コントロールルームに残っていました。

以下は自室に戻った人たちの感想です。

機関長S・Yさん：私の部屋のアラームはいつでも鳴るんですよ。三人のエンジニアーの部屋のは当番のときだけですけれどね。いえ、アラームが鳴ったからといって、いつでもこうして降りてくるわけではありません。警報の内容のレベルが一応表示されますから、重要度の高いときは降りてくるようにしてます。メインエンジンのトラブルはやはりいやですね。

一等機関士M・Oさん：重要な部分だと、主機関がスローダウンするからね。だから、安心だともいえますけれど、今日みたいのはスローダウンまで、もうちょっと余裕があってもよいですよね。

三等機関士K・Tさん：まだ起きてましたんで。

操機手T・Fさん：当番じゃないけど、スローダウンてのは、やはり気になってきますよ。それに、私らの部屋はエンジンに近いから、アラームがよく聞こえるんですよ。いえ、部屋にはありませんが、エンジンルームで鳴ってるのが聞こえるんですよ。だから、当番のときはこれしょうがないですけど、ほら、今ごろみたいに時計がどんどん進んでいるときだと寝付きが悪いでしょ。それなのに、やっと眠ったと思ったらアラームが鳴ったりして目を覚ますんですね。別に降りていかなくても、目が覚めちゃってまた眠るのに一苦労、なんてことがよくあるんです。深夜のアラームはいやですよ。それにどういうわけかアラームってやつは、深夜が多いんですな。当たり前かもしれんけどね。そういう意味では、ワッチワッチ*（従来の当直方式）のほうが安心です。まあ、今日のアラームは、まだ宵の口でよかったですよ。

操機員M・Fさん：当番のときは必死ですよ。やっぱり一番に行かないとね。だって、エンジニアーたちの部屋より、私らのほうが近いんですからね。機関長にはよく注意されるんですよ、「泡くって行くな、泡くうと転んで怪我するぞ」ってね。でもやっぱり気分的には、階段を一段とばしに降りたい感じですよ。いえ、一番に行こうと思うからだけではないんです。自分が当番のときに、なんか大事になったらいやですからね。そりゃ、私らにはどうなったからといって、責任があるわけではないです*が、でもやっぱり責任を感じます。みんなそうじゃないですか。責任がない私らでこうですから、免状持ってる人（機関士のこと）はもっといやでしょうね。自分でも不思議に思うんですが、当番のときじゃないと、夜中にアラームが鳴っても知らないことがあるんです。だけど、当番のとき、人より遅く行ったなんてことはないですよ。どうして目が覚めるんですかね。

【時計がどんどん進んでいるとき】外航船では目的地の標準時に合わせて毎日少しずつ時間調整をしていきます。本船ではアメリカの東海岸の標準時に合わせるため一日に三〇分ずつ時計の針を進めていました。したがって一日は二三時間三〇分になります。帰りはその逆で三〇分遅らせますから一日が二四時間三〇分になります。

【私らにはどうなったからといって、責任があるわけではない】これは、すぐあとに出てくる「免状持ってる人」と関連します。つまり船長や航海士、あるいは機関長や機関士として乗船するには、難しい国家試験に合格して必要な海技免状を持たなければなりません。また、船橋でも機関室でも、定められた海技免状を持っている人が当直にあたらなければなりません。そうして「何かあった場合」には、その原因を探究する海難審判において、受審人（一般裁判における被告に相当）となり、理事官（一般の裁判における検事に相当）から詳細な経緯を追及されます。そうして、その何かに関して責任があると審判官（一般の裁判における裁判官に相当）によって判断されれば、戒告や免許停止などの処分を受けることになります。場合によっては海難審判にとどまらず、刑法で処罰されることだってあるのです。それに対して、船長・航海士を補助する甲板手や甲板員、あるいは機関長、機関士を補助する操機手や機関員は海技免状を持っていません。ですから、「何かあっても」受審人にはならず、責任を追及されることがありません。そのことをこの若い操機員は言っているのです。それでも彼は「責任感」をもって当番にあたっているのです。なんとも素晴らしいことです。

二等機関士Y・Mさん：参った参ったですよ。なんてことはないんですが、スローダウンまでいっちゃったからね。あとが大変ですよ。また回転を少しずつ上げて、元に戻さんと駄目ですからね。そうして、アッチコッチ整定したことを確かめるまで、上がれんですからね。ああ、ブリッヂに（回転を上げていくことを）連絡しなきゃ。それからっと、ああ、F君（Mゼロ当番）、もう上がっていいぞ。

三等航海士A・Hさんの話。

本船の部員*はいいですよ。当番をちゃんとやりますからね。××丸なんか、当番はエンジニアー一人ですからね。部員なんか起きてこんやつですよ。だから、アラームなんか鳴ると、一人で走り回るやつですよ。私らエンジニアーは、昼間Mゼロチェックやって、部員と一緒に整備作業やって、そして、夜当番、アラームですからね。それでいて、私らは彼らより給料がそう高いわけじゃないし、場合によったらエンジニアーのほうが（年配の機関部員より）安いんですからね。まあ、そんなことを別にしても、本船みたいにやれば、部員だって、エンジン全体のことがわかるようになるし、わからんとできんですからね。責任感もでてくるし、整備作業をやるときの態度だって違ってきますよ。彼ら自身のためになると思うんですがね。××丸のときは、駄目でした。本船の部員はいいですよ。[2]

アラームにまつわる話はほかにもいろいろありますが、そのうちの二つを最後に紹介します。

「夜中に、ひっそりと当直をしているとき、突如、ビーと鳴って、ビックリして飛び上がることがありますよ。本船に乗ってきたころは、毎回飛び上がってました。このごろは慣れましたが、それでもやはりビックリしますよ。Mゼロアラームはいやですね」

実際には、船橋にはその他のアラーム類がかなりあるが、Mゼロアラームだけがしばしば鳴るのでそういう感じになるのであろう。

もう一つ、中年の操機手S・Fさんの話。

【部員】 これもわかりにくい用語で、関連した用語に「職員」があります。「職員・部員」、これを戦前の海軍に置き換えると、「士官・下士官と兵」となります。商船でも士官と属員と呼ばれたことがかつてはありました。要するに通信長・通信士を含めて海技免状を持っている人たちを職員、そうでない人たちを部員と呼ぶのです。もっとも、以前に乗船していた事務長や船医たちも、海技免状は持っていませんが士官とか職員と呼ばれていましたから、俗な言い方をすれば、制服の袖や肩章に金筋が巻かれている人と金筋がない人ともいえます。

航海士の命令や指揮の下に作業する人たちは甲板長（通称ボースン）をトップとする甲板部員、機関士の命令や指揮の下に作業をする人たちは操機長（通称ナンバン）をトップとする機関部員です。調理給食を受け持つ人たちは司厨長（通称シチョージ）をトップとする司厨部員です。

船が今よりももっと小さかった時代は船員の居住空間も非常に限られていましたので、職員と今では呼ばれている人たちは船尾（トモ）に、部員と今では呼ばれている人たちは船首（オモテ）に、と分かれて住んでいました。そのため、職員のことをトモ、部員のことをオモテと、今でも会話では呼ばれていることがあります。

「アラームで起されるでしょう。それで誤警報だと本当にアタマにきますよ。またエラーだろうと思っても、やっぱり行かなきゃならんですからね。でもまあ、それはいいんですよ。なんでもないことはいいですからね。それよりもね、オーバータイムの計算がね、今一五分単位なんですよ。アラームが鳴っているんで飛び起きて行くでしょう。簡単なやつだと一五分もありゃーOKですよ。確かにね。だけど処置をすませて帰ってきて、またベッドに入ったって眠れんのですよ。夜中のアラームに関するオーバータイムの計算は、ほかのと別にして考えてほしい感じですね。まあ、そんなこと言い出したらキリがないと言われるでしょうが、なんとなく割り切れない感じですよ(2)」

この航海では五〇日の間に、誤警報だった三回を含めて、通算してアラームが二一回鳴りました。そのうち、航海中が一六回で、停泊中が五回でした。燃料油清浄機関係が七回ともっとも多く、主機関関係が四回、ボイラー関係が三回、発電機関係が二回、潤滑油清浄機関係が二回、その他が三回でした。時刻別に見ると、二一回の発生のうち一七回が夜間で、そのうちの一二回は一〇時以降となっていて、アラームは夜間に多く、しかも深夜に多く発生していました。

また、アラームに対しては見事に職業意識が働いているようでした。たとえば、機関部員以外の甲板部や司厨部の人たちは深夜のアラームにほとんど気がつかなかったということでしたし、食堂でワイワイ麻雀をやっているときでも、言われて耳をすましてようやく聞こえてくるようなアラームを聞き分けて飛んでいくMゼロ当番の姿も見られました。

それから、ただの一度でしたが、異常が発生しているにもかかわらずアラームが鳴らないということがありました。夜の八時半ごろ、たまたまログブック（機関航海日誌）を置きにコントロールルームに降りた機関長が、赤ランプが点滅していることを見つけたのでした。こんなこともあるのです。

4 Mゼロ運転を支えるもの

次に、K丸におけるMゼロ運転を支えている要因と思われるものを挙げてみましょう[2]。

ここではこれまでの在来船や、初期の自動化船、最近のMゼロ船、などの乗船調査結果を念頭におきつつ、K丸のMゼロ運転を支えているものを簡単に指摘しておく。

その第一には、質的にも量的にもレベルアップした整備作業である。これは、当直から解放された機関士も整備作業の主力になっていること、企業内教育及び個々人の努力による部員の技術・知識によるものである。

その第二は、整備作業が、故障した機器についてその機能を復活させるという意味よりは、機器の持つ機能水準の低下を防止するという意味のいわば予防メインテナンスとして、行なわれるようになっていっていることである。

その第三は、予め、入念に検討されたチェックポイントを更に吟味して、チェックリストをつくりあげ、これにしたがってチェックが行なわれることによりチェックレベルが向上し、かつ安定していることである。この点は、かつて一九六五年に筆者らが行なった、自動化船（高度経済試設計船）での機関部航海当直作業の詳細な作業分析の結果[4]から、チェックレベルをそろえること、いわば看視点検作業の標準化の必要性を提唱したが、やはりこういうことは必要なことである。

第四は、個々の乗組員の持つ知識・技術に対する相互信頼と、それにもとづく集団としてのまとまりである。これは、機関長以下機関関係者としては勿論のことであるが、やはり乗組員全体に相互信頼とまとまりがあることが重要である。一例を挙げるならば、船橋当直者は、機関部の人達が入念に整備し、チェックしているから大丈夫であり、いざというときにはただちに必要な要請に応えてもらえると信じられてはじめて、Mゼロ中でも安心して船橋に立てるのである。また機関部の人達にしても、Mゼロ中でも、船橋当直者が、必要に応じて決められた手順にしたがって行動してくれることが信じられなければならない。そうして、〝信じるしかしょうが無いから信じるのだ〟という消極的な意味ではなく、互いに〝彼らは信じられる〟という積極的なものでなければならない。こうしたことは、機関長・機関士・機関部員の相互関係においても同じである。

以上、Mゼロ運転を支えるものとして、四点を挙げた。勿論、これらの他に設計段階での吟味や工作の問題、そして全体としてのコストのかけ方、陸上への整備作業の移管、あるいは企業内における必要な教育の実施、など様々な点はあろうが、しかし結局は、ここに四点程挙げた乗組員の非常に大きな努力が、さらにつけ加えるならば、改善へのたゆまぬ努力が、現状のMゼロ運転を支えているといえよう。

このようなMゼロ運転は、今ももちろん行なわれています。

5 主機関も縮み込む（?）異常寒波の襲来

よく登場するK丸の最後の寄港地はカナダ東岸のセントジョン港でした。入港したのは日本を出てから二三日目の一一月一六日の金曜日です。停泊中は例年よりも非常に寒く、とくに一一月一八日の日曜日は襲来した異常な寒波のために、日中で陽が当たっている場所にも氷が張りつめているほどでした。そのため、外気が流入しないように閉め切っていたエンジンルームで作業するときでさえ、防寒具を着ずにはいられませんでした。一九日の月曜日の朝の高潮時に内地に向けて出港しましたが、この朝も寒く、甲板手のH・Hさんは出港配置になる前から船橋に上がって、外の甲板に張りつめている氷をスクレッパーでかき落としていました。

12 船橋横の甲板の氷をかき落とす甲板員のH・Hさん

でもそんなに寒くても、「さあ、あとは走って内地だ」という気分になったせいか、みんないつもよりいっそう明るい表情で、夕食後は久しぶりに二組が麻雀卓を囲んでいました。

エンジンに異常発生

しかし、その夜九時半ごろ、調査員である私の部屋でいろいろと教えてくださっていた機関長のM・Yさんのところに、Mゼロ当番（本章3節で紹介しました）の二等機関士Y・Mさんが困ったような顔で入ってきて、次のような会話がなされました[2]。

二等機関士：機関長、スーパーチャージャーのストレーナー（過給機の潤滑油こし器）の圧力が上がるんですよ。ファーストエンジニアーは寝てるんです。

機関長：掃除してみたか、いつから上がる？

二等機関士：午後からもう三回も掃除しているんです。なんかホワイト（ベアリングに使われている合金）みたいなカスが溜まるんですよ。

機関長：よし、ファーストエンジニアー起こせ。

（二等機関士は一等機関士の部屋のドアーを叩きますが、寝入りばならしく目を覚ましません）

二等機関士：起きんですよ。

（二等機関士は、一等機関士が疲れているのを知っているので遠慮しています）

機関長：かまわん、起こせ。

（機関長としては、主機関を受け持っている一等機関士を起こす方が親切と考えています。二等機関士がさっきよりも強くドアーを叩きますと、一等機関士のM・Oさんは目をショボショボさせながら起きてきて、二等機関士の顔をみるなり）

一等機関士M・Oさん：上がるか、やっぱり。よし、あけてみい。

この言葉からすると、二人の機関士の間ではすでに話し合われていたようです。

すぐにみんな機関室に下りて潤滑油のこし器を開放し、フィルターを工作室に運んで詳細に点検を始めました。

やはり二等機関士の言うとおり、どろどろした白っぽいものが詰まっています。そのため次のような会話となりました。

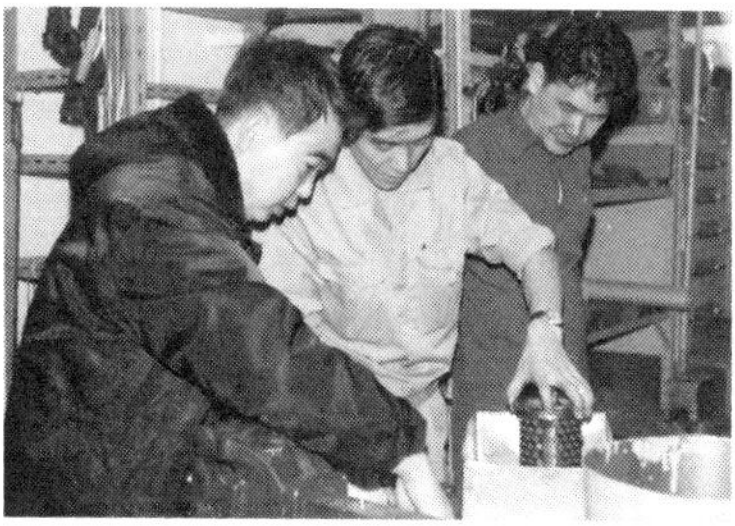

13 潤滑油こし器のフィルターを調べる二等機関士（中央）と一等機関士（左）、見守る機関長（右）

機関長：ファーストエンジニアー、どうだろうワッチワッチにしたら（これはMゼロ運転をやめて当直にして、二四時間、目を離さないようにしたらどうか、ということ。本章3節で紹介しています）。

一等機関士：そりゃ、機関長がやれとおっしゃるなら、そうします。

機関長：ワッチワッチで注意して行き、明日（クランクケースを）あけてみよう、よくわからんがホワイトかもしれん。
二等機関士：だけど、あけたってわかりますかね？
機関長：わからないからあけるんだよ。な、ワッチでいこう。
一等機関士：そうします。おい、知らせてこいや。

二等機関士は、操機長のM・Aさんを起こして夜中の零時からワッチワッチにすることを機関部員に伝えました。

こうして、一〇時から零時まではMゼロ当番の人が機関制御室に残り、零時からあとは当直方式（本章3節で紹介しています）となりました。もちろん、もうベッドに入っていた船長には機関長が状況を説明して、翌日に洋上でエンジンを止めることが決まりました。

船長は起き出して船橋に上がり、ナイトオーダーブック（船長が航海士に毎晩、とくに注意することを書いて船橋に置いておくノート）にそのことを書き加えて全航海士に伝わるようにしました。

一等航海士のT・Iさんにそれを読んだ感想を求めたところ、

「そうですね、まず何を考えたかというと、明日、時化てなければいいなってことですね。（洋上で）エンジンを停めて揺れるとコンテナーがどうかなということですよ。ウチ（航海士、甲板部）のほうはそんなもんですが、キャプテンですか。キャプテンなんかは、やはりスケジュール（本船の運航予定）が気になるでしょうな」

ということでした。

このあと、機関長は私の部屋に戻ってこんな話を聞かせてくれました。

「いや参った参ったですよ。明日あければわかることですがねぇ。セコンドエンジニアー（二等機関士）も、私を呼びに来るまで、オロオロしてたんですよ、きっと。ホワイトだったらどこかのベアリングが焼け付く恐れがあるので大変ですからね。ファーストエンジニアーを起こすのが筋だけど起きてくれんし、無理に起こすのも悪いと思うし、私はここにいて部屋にいなかったしね。

まあこういうときは、ワッチワッチにすべきです。セコンドエンジニアーが、オカシイと言ってきたとき、すぐに私はそうしようと思いました。どういう状況であれ、当番のエンジニアーが心配なときは、絶対Mゼロ運転すべきではありません。

そうはいっても、やはり一等機関士と相談せにゃーね、一等機関士も二等機関士ももちろんベテランです。だけど今すごい不安なんですよ。ほら、明日あけようと言ったら二等機関士が、〝わかるかしら〟なんて言ってましたね。あれは、あけるのが大変だからそう言ったのではなくて、心配なんですよ。わかるもんなら今だってあけたいんですよ。だけど、ここの海で、夜エンジンを止めたらもっと危険なことも考えられるわけです。だから、私が〝ワッチにしよう、明日あけよう〟と決めなくてはいかんのです。あの溜まり具合からみて、今すぐどうということはないと私は判断するのです。そこはやはり経験の差です。私があぁして決めれば、もちろん、相談しながらというかたちはとってますけど、二人とも安心、一応ね、一応ですよ、安心してくれるんです。〃機関長が言うんだから明日まで大丈夫なんだろう〃ってね。これでどうかなったとしても私の責任です。最後の責任をとるのが最高責任者です。たとえ、どんな原因であろうともね。

船長だって、今本当はスピード落としたくないんです。でも私が言えば〃ああ、そうですか、わかりました〃と言うだけです。本船の船長は、よくわかっている人だから、〃なるべく早くしてください〃とも言いません。本当は言いたいんでしょうが。こういうとき、船長、機関長の間がうまくいってることが効いてくるんです。言わず語らずでお互いの立場を理解するんです。さぁすべては明日です。じゃ寝ましょう」

もう一一時三〇分になっていました。

なお、機関制御室内の黒板には「各直、LOノッチワイヤーの差圧を毎時間記録し、〇・四以上になったらブローすること」と書かれました。これはフィルターの詰まり具合を示す潤滑油こし器の入口と出口の圧力の差に注意して、詰まってきたら開放して掃除するようにという一等機関士から当直員への指示です。

原因の発見と対応

翌朝、いつもより早く起きた機関長は、フィルターに溜まる銀色っぽいドロドロした異物を工作室で燃やしてみたりして、いろいろとその正体をさぐっていました。船体の塗装に責任をもつ一等航海士にも見せて、「あんた、ペンキに詳しいだろ。これ銀ペンじゃないかな、水分をとって燃やすと灰みたいになるんだけど」と聞いてみましたが、一等航海士にもわかりませんでした。

朝食後の九時にエンジンを止めて、機関士も機関部員も全員でクランクケースドアーを開いて各部の綿密な点検を始めました。なかなか原因がわからなかったのですが、やがて機関長がクランクケースドアーの内側のポケットの底にホワイトメタルの小さな切片があることに気づきました。どこかのベアリングがやられていたのです。

14 クランクケースドアーの内側のポケットを点検する機関長のM・Yさん

やがて、ピストンロッドとコネクティングロッドを結ぶクロスヘッドベアリングのガイドシューの油溝がやられていることがわかりました。前章で紹介したI丸では、このクロスヘッドのベアリングがやられたのでしたが、この船ではクロスヘッドに定められた上下運動をさせる働きをもつガイドシューがやられたのでした。右舷と左舷にある二つの主機関は二四気筒ありますから、ガイドシューは全部で九六個になります。そのうちの九個がやられていたのでした。フィルターに溜まっていたのは削られたガイドシューのホワイトメタルだったのです。

ただちに、ベテラン操機手のS・Fさん、S・Tさん、T・Fさ

15 クランクケースの中でキサゲを使って作業する操機手のS・Tさん

んたちが手分けして、キサゲを使って油溝に発生したまくれをとる作業を始めました。クランクケースの中ですから、狭いし熱いし、やりにくい仕事でしたが、みな懸命に作業を続けます。

そうして一一時三〇分にエンジンの試運転を行ない、一一時四五分に航海が再開されました。二時間三〇分ほどエンジンを停止していた間は船が漂流していたわけですが、その間、船長も他の航海士とともに船橋で見張りをしていました。

船が再び動き出したとき船長が、「一一時と言っていたけどやっと動いたな」とつぶやきました。昨夜、機関長に「なるべく早く」とも注文をつけなかった船長のT・Sさんですが、スケジュールの遅れを気にしている本音がぽろりと出た一瞬でした。

午後からは念のために、両舷の主機関の四個の過給機用一次潤滑油こし器と両舷の主機関の二個の潤滑油こし器の掃除も行なわれました。ワッチワッチが続けられ、その間に各部の温度、圧力、流量などを厳重にチェックし、異常がないことが確認できたので、午後五時からMゼロ運転を再開しました。でも、特別に担当者を決めて、三時間ごとに交代でLOノッチワイヤーの差圧を測定して記録したうえで掃除することになりました。

一等機関士は時刻と担当者を決めて、そのメモを黒板に貼り出すとともに、一等航海士のT・Iさんに相談して、同じ内容のメモを船橋の海図室に貼って、当直の甲板手に担当者を電話で起こしてもらえるようにしました。こういう協力は、船長と機関長、一等航海士と一等機関士の関係がよいからこそすんなりと実現するのです。

機関制御室での午後のお茶の時間にはこんな話がありました。

一等機関士M・Oさん：こういうことがあるから、われわれは乗ってるし、給料も高いんです。やや高い程度ですけどね。

操機手S・Fさん：これだから、船乗りはふだん、よく眠っておきゃなーならんのですよ。

こうして潤滑油こし器を何度も掃除しましたが、Mゼロ運転を続け、三日後の一一月二三日(金)、勤労感謝の日の朝九時二〇分にパナマ運河の大西洋側の入口、クリストバル港のパイロットが乗下船する港域に無事に入港しました。一時間三〇分のエンジン停止があったにもかかわらず、セントジョン－クリストバル間の二三二三海里(約四三〇〇キロ)を四日と一時間五〇分で航海し、平均スピードはなんと二四・六ノット(時速約四六キロ)という素晴らしい速さでした。

入港後すぐに点検が行なわれましたが、ほぼ完全で、ちょっとした手入れが必要とされただけでした。

そして、太平洋を横断して神戸に入ったときには、この船を建造した造船所の技師も加わって入念な点検が行なわれましたが異常はなく、異常発生に対する判断と対応が適切であったことが明らかとなりました。

この異常発生の原因は、いろいろと取り沙汰されはしましたが、はっきりはしませんでした。もっとも有力な解釈は、セントジョンに停泊中、急に襲われた異常寒波による急激な温度降下が原因となって、主機関が縮小したせいではないかというものでした。

高速化は、三日前までは冬服だったのに夏服に着替える必要があるほどの気候の激変を乗組員に体験させ、ときには体調を乱したりもします。このガイドシューの油溝に発生した異常は、船の高速化に伴う気候の激変は、乗組員に対してだけではなく機械に対してもより過酷な条件を与えることになったということを物語っているのかもしれません。

もう一つ付け加えておきたいことがあります。この船は当時としてはさまざまな新しい技術を導入した最新鋭のものでした。その船で、なんとベアリングのホワイトメタルをキサゲを使って手で削らなければならないようなことが起きたのです。本船には、その作業に必要なキサゲを使いこなす技能をもっていた人がいたからこそ、この異常に対応できたのですし、しかも三人もいたので九個のベアリングの修復を手分けしてやることができ、そのおかげで主機関が停止していたのはわずか二時間三〇分だったのです。

最新鋭の技術によってつくられたマシン・システムを支えるのは、実は新しい技術が開発され実用化されるより前の技術システムの中で、人間が獲得した技能なのだということを改めて示していると思いました。

（この5節は注2の文献から引用し、若干加筆して、ですます調に変えたものです）

6 パナマ運河通過中のピンチ、油圧ポンプの油の漏洩

K丸がパナマ運河を通航しているときに起きたことです。一九七三年一〇月二五日（木）に東京港を出港し、一〇月二八日（日）に日付変更線を通過、一一月六日（火）にパナマ運河の太平洋側の入口のバルボア沖に着きました。翌日の七日に運河を通過しているときのことです[2]。

コントロールルーム（機関集中制御室）へ、年配の甲板手のH・Bさん（通称ダイクさん）*が入ってきて、黙ってあたりを見廻したのち、また出ていこうとした。そこで、一等機関士のM・Oさんが、「ダイクさんどうしたの？　何か用かな？」と声をかける。

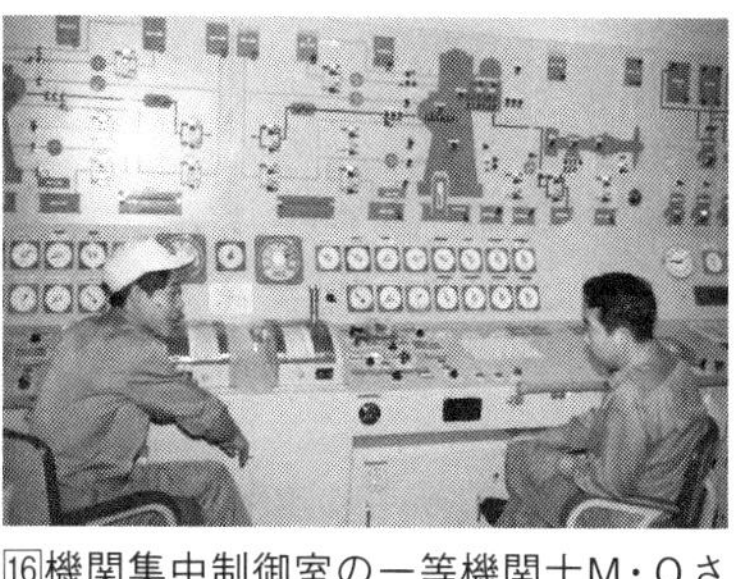

⑯機関集中制御室の一等機関士M・Oさん（右）と二等機関士Y・Mさん

【ダイクさん】 帆船時代の乗組員には必ずカーペンター（大工）がいました。木甲板の手入れや水漏れの箇所の補修など船体や船内設備の点検・補修に従事する人で、甲板長（ボースン）に次ぐ重要な職種でした。鋼船時代になってもこの職名は残り、日本では正式には船匠ですが、通称ではダイクとかダイクさんと呼ばれていました。K丸では正式な職名は甲板次長でしたが、慣例で通称が使われていたのです。

ダイクさん：ファーストエンジニアー、あのーお忙しいでしょうねー。（声が消え入りそう）
一等機関士：そりゃー忙しいけど、なにかな？
ダイクさん：油が出ちゃってんですよ。
一等機関士：エッ、油？どこの？
ダイクさん：船の油圧ポンプなんです。
一等機関士：オイオイ、そりゃー大変じゃないか。セコンドエンジニアーちょっとここを頼むよ。

17 パナマ運河ドックに入る

一等機関士とダイクさんは船尾の油圧ポンプルームに急ぐ。そこは部屋一杯に油が飛び散り、床には数センチも溜まっている。それを見るなり一等機関士は、近くの甲板の排水孔にウエス（ぼろきれ）を押し込んだ。
「いやいや、危いとこだった。今ドックだから心配ないものの、一揺れして傾いたら、しきいを越して流れてるぜ。外へ流してみろ、たちまち御用、停船、罰金、えらいことだぜ」と一等機関士。
ただちに、機関部の人たちで、空のドラム缶、バケツ、濾紙、チリ取りが用意され、油の回収が始まる。ダイクさんも、手動のポンプをかついできてセットする。でもチリ取りで油をすくってバケツに入れ、濾紙を通してドラム缶にあけるほうが結局早い。濾紙で漉すのは、作動油の予備があまり無いのでこの油もできるだけ再使用する必要があるからである。

結局、油を回収して、ポンプルームの掃除が終わるまで二時間近くかかったし、翌日は故障部分の修理や油の補給に多くの人手を要する結果となった。

原因は、内地でメーカーが来て点検した時、一ヵ所パイプのつなぎのねじを完全に締めていなかったらしく、それが内地出港以来の振動でゆるみ、油圧がかかった時にはずれ、油が噴出されたものと考えられた。

ダイクさん：（しきりに恐縮しつつ）ファーストエンジニアー、すいません、もう三日したら入港ですから、ちょっと時間ができたんでテストしておこうと思ったんです。それでちょっとして来てみたら、いつもと音が違うんであけたらこんなんだったんですよ。

一等機関士：いいよ、いいよ、ダイクさん、あんたの責任じゃないし、あやまることないよ。

テストしておいてよかったじゃないか。フィラ（フィラデルフィア）でやったら、ハッチがあかないってことになって荷役ストップになるとこだったよ。それにしてもダイクさん、あんたびっくりしたろうな。

ダイクさん：ええ、油みたら、なんかこうカァーと血がのぼった感じでした。

その日の夕食の時、

一等航海士T・Iさん：ファーストエンジニアー、お手数かけました。なにしろ通過中だからうち（一等航海士に直属の甲板部のこと）の方も手いっぱいで人が出せなくて済みませんでした。

一等機関士：いやー、大事に至らんで良かったですよ。

船長T・Sさん：ほんと、ほんと、あれで運河に油でも流したりしたらアウトだもんな。

一等航海士：フィラデルフィアで、ステベ（荷役業者のこと）が来たけど、ハッチがあかないじゃ、様にならんですしね。

一等機関士：それにしてもダイクさん、気の毒だったですよ。恐縮しちゃってね。いえね、私のとこへ言ってきたときも、消え入るような声で、〝お忙しいでしょうね〟って言うんですよ。それだって、私が〝何かな？〟って声をかけてからですよ。あれでもし私が声をかけなかったり〝うん忙しいよ〟って答えたりしたら、あの人のことだから〝そうですか〟って帰ったのかしら。ワッハッハ、あの人の遠慮深いのには参りますね。あの声と顔は、当分忘れられんですな。

船長：いやー、あれだったんだよ。油をみてカァーとなって、自分の手におえることではないし、ファーストエンジニアーはスタンバイ（出入港時の全員配置のこと）で忙しいことはわかっているし。でもやっぱり頼んでみようと思って、コントロールルームへ行ってみたけど、やっぱり、ファーストエンジニアーは忙しいし、やっぱりやれるだけ自分でやってみるしかないと思ったんじゃないかな。〝どれ、どれ〟って立ってくれたファーストエンジニアーの顔が仏に見えたんじゃないか、ダイクさんにとっては。アハハハ。で、油は大丈夫？

機関長S・Yさん：ほかのは大丈夫かな、おもて（船首のこと）のポンプもオカ（陸上の業者のこと、この場合は油圧ポンプのメーカー）でやったんだろう？

一等機関士：えー、油は大丈夫です。明日、おもてのも含めて点検し、油も補給する仕事をやることにして、みんなにも言ってあります。また、ダイクさんの〝お忙しいでしょうね〃は、可哀想ですからね、いやいや、これは冗談ですが。

船長：全くやれやれだな。

この出来事は、オカの仕事の後始末である。そして、今回はそうならなかったから良かったものの、油を運河に流したとき、整備したオカのメーカーは、責任をとるのであろうか。内地停泊中、オカの手で様々な整備をする際に乗組員が立ち会わねばならない理由はこういうことにある。それでいて、充分にチェックできる程、フネには余裕がないのである。

7 操舵機モーターの故障

もちろん、何が起きてもなんとかしなければならないのは、なにも日本船だけではありません。

次に紹介する例は、西ドイツのコンテナー船で起きたことです。

私はドイツの船でも乗船調査をしたことがあります。一九七八年に西ドイツのHK号という五万七五二五総トンの最新鋭のコンテナー船で、東京からハンブルクまでの一ヵ月でした。この船でもいろいろなことが起き、乗組員はそれらへの対応に追われました。その中でもっとも大きな出来事は、神戸出港後に起きた操舵機を動かすモーターの故障でした。何とかしないと帰りのスエズ運河が通れません。

詳細は以下のとおりです(5)。

なお本節には特別な職名が出てきます。これは当時、西ドイツが試みていた新しい乗組員組織によるものです。第5章2節で少し詳しく紹介しますが、本節でもそのつど簡単な解説を加えてあります。

六月二六日（月）に神戸港を出港してから二日目の二八日（水）、フィリピンの北端に近くなったころ、舵を右に、左に切る操舵機を駆動するモーターに不具合が見つかりました。四台あるモーターのうち二台がショートして動かなくなっていたため、舵の動きが鈍くなってしまったのです。これでは、二週間後に通過が予定されているスエズ運河を航行することができません。すぐに船長のG・Bさん、一等航海士のG・Sさん、三等航海士（正式職名は、航海及び安全担当航海士*）のG・Zさん、機関長のK・Sさん、一等機関士のC・Hさん、電機技士のG・Tさん、SBM*と呼ばれる甲機長*のH・Cさんの七人が集まって、どう対処するか相談しました。そのうえでハンブルクの本社と無線電話や電報で協議を重ねて、結論として次の寄港地であるマレーシアのポートケランでモーターを一台交換することになりました。交換するといっても、もちろん予備が船にあるわけではなく、またポートケランにだってありません。ですからハンブルクから空輸して、それと交換することになりました。

交換すると一口で言っても、これは大変な作業です。一台のモーターの重さは二一〇〇キログラムですから軽自動車二台分を超えています。写真20で見るとおり、サイズも大きいものです。実は、この操舵機はスコットランド製で、大きさも性能も当時としては世界一のものでした。スエズ運河やエルベ河を航行するこの航路の安全確保に役立つように採用されたものです。

しかし、そもそもこの種のモーターが故障するということは想定されていませんから、船を建造する際に、操舵機もそのモーターも設置したあとに甲板が構築されています。つまり建造後は出し入れする開口部がないのです。ですから、このモーターの交換作業は、まず甲板を溶断して開口部をつくることから始めなければなりませんでした。もし開口部がつくれなければどうにもなりません。場合によってはスエズ運河の航行を諦めて、アフリカ南端の喜望峰をまわらなければならないという事態にも至ります。そうなれば帰国は二〇日以上も遅れてしまい

【航海及び安全担当航海士】日本の三等航海士と同じく袖の金筋は一本でしたが、この船でのドイツ語表記の正式職名を直訳すると「航海及び安全担当航海士」となります。ちなみに日本の二等航海士と同じく袖の金筋が二本の航海士は「貨物担当航海士」、また日本の一等航海士と同じく袖の金筋が三本の航海士は「一等航海士」ですが、日本では英語で「Chief Officer」とするのに対し、西ドイツでは「First Officer」を使っていました。

【SBM、甲機長】甲板長と操機長を統合した新しい職種、Schiffsbetriebsmeister を略してSBMと呼ばれ、ここでは甲機長と訳してみました。第5章2節で詳しくふれています。

ます。そもそもエルベ河を遡航することもできませんから、ハンブルク港には帰れません。

機関長のK・Sさんが「いろいろなモーターを交換したことはありますが、操舵機のは初めてです。もしよくあることなら、デッキを切る必要がないように、はじめから（開口部が）つくられているはずです」と口にしていたことからも、このトラブルがいかに稀有なものであるかがわかります。

また、「送られてくるモーターは一つで大丈夫なのですか？」とうかがったところ「性能的にはモーターは三台で充分なので、ポートケランにルフトハンザ（ドイツの航空会社）で送られてくるのは一台です。なにしろ二・一トンあるのですから。あとはハンブルクで交換することになるでしょう」とのことでした。この話から充分な余裕をもって設計・製造されて、通常の使用で無理をさせたわけでなくても、故障は起きることもあることを改めて知ることになりました。

さて、不具合がわかった二八日（水）に、モーターを吊り上げる方法が慎重に検討され、開口部をつくる箇所と大きさが決められ、翌日の二九日（木）の朝食後から作業が始まりました。作業は機関長のK・Sさんの統括の下に進められましたが、具体的に現場で指揮したのはSBMのH・Cさんです。

最初に実施されたのは、溶断してつくった開口部からデッキを流れる雨水などが流れ込まないように、周辺にアングル（等辺山形鋼）を溶接して、いわば堤防をつくる作業です。その後、床面との隙間にはPattex Vernnerという乾くとゴム状になるものを塗りました。そのうえで

郵便はがき

料金受取人払郵便

本郷局承認

3865

差出有効期間
2021年11月
30日まで

切手を貼らずに
お出し下さい。

113-8790

東京都文京区湯島2-14-11
福村出版株式会社
愛読者係行

フリガナ	年齢
お名前	性別

ご住所　〒　　　－

電　話

Eメールアドレス

ご職業　1. 会社員（職種　　　　）4. 学　生（中　高　高専　専門　大学　大学
2. 自営業（職種　　　　）5. その他（
3. 公務員（職種　　　　）

このたびは本書をご購入いただきありがとうございます。
ご記入いただきましたお名前・ご住所・Eメールアドレスなどの個人情報は守秘義務を遵守の
書籍企画の参考、商品情報の案内にのみ使用いたします。また、許諾していただいた方に
本書へのご意見・ご感想などを小社ホームページや広告などに掲載させていただく場合がござい

①ご購入いただいた本のタイトル

②この本を何でお知りになりましたか？

③この本をお買い求めになった理由は何ですか？

④この本へのご意見・ご感想をお聞かせください。

)今後どのような本を希望されますか？
関心のある著者・ジャンル・テーマなどをお教えください。

本書へのご意見・ご感想などを、小社ホームページや広告などに掲載させていただく場合がございます。

1．掲載してもよい　　2．掲載しては困る　　3．匿名であればよい

協力ありがとうございました。

溶断が開始されました。厚さが五センチもある甲板の溶断も大変でしたが、その甲板を支えている梁の溶断はとりわけ難物でした。

水除けのアングルを電気溶接したのはＭＰＣ*と呼ばれる甲機員*のＭ・Ｆさんです。彼はドイツのマイスター制度の中で機械工の徒弟を経て機械職人の資格をとり、エアコン、ポンプ、潤滑装置などのメーカーで九年間働きました。その後、機関助手として三年間乗船して履歴をつけ、延べ八週間にわたる教育訓練を受けてＭＰＣ／Motor の資格（第５章２節で紹介しています）をとった人ですから、溶接は得意です。

甲板をガスで溶断したのはオーストリア出身のＭＰＣのＰ・Ｓさんです。彼は刃物製作の工場で三年間の徒弟生活ののちに、刃物製作の職人の資格をとり、その資格を使ってスキーリフト製造会社で三年間働いた経歴の持ち主です。その後、Ｍ・Ｆさんと同様の経過をたどってＭＰＣ／Motor の資格をとりました。この二人は、一〇人いたＭＰＣの中でも機械の整備に関して抜きん出て詳しく、一等機関士や機関長が全幅の信頼をおいていた人たちでした。他のＭＰＣたちは、溶断中の火の粉が操舵機や周辺機器の上に落ちないように、操舵機室の天井近くにキャンバスを張ったり、消火器を持って万が一に備えたりするグループと、操舵機とモーターとを切り離し、モーターを床から外すグループの二つに分かれて、みんな大活躍です。

【ＭＰＣ、甲機員】甲板員と機関員を統合した新しい職種 Multi Purpose Crew。ＭＰＣと略称され、ここでは甲機員と訳してみました。第５章２節で詳しくふれています。

18 モーターを吊り上げる準備をするMPCたち。右下がSBMのH・Cさん。上から機関長のK・Sさんが見守る

操舵機との縁を切ってモーターを取り外すことはそれほど困難ではなかったのですが、問題はそこからどうやってデッキ上まで吊り上げるかです。二トン以上あるものを吊り上げられるウインチ（揚貨機）があるわけではありません。ここで活躍したのがSBMのH・Cさんの経験と知恵でした。第5章2節で紹介しますが、彼の前身は甲板長（ボースン）です。ウインチを使って船倉内に重い貨物を積み込んだり、その逆に岸壁に降ろしたりする荷役をさんざんやってきた経験の持ち主です。貨物は積むにしろ、降ろすにしろ、吊り上げて上下に移動させるだけではなく、吊りながら横移動させることも必要です。そういう難しいことをさんざんやってきた元ボースンのH・Cさんは、操舵機室やデッキ上の構造物の様子をじっくりと観察したのち、充分に強度があるところを選んで、数ヵ所にブロック（滑車）をつけ、船を岸壁に係留するときに係留索やワイヤーを延ばしたり引き込んだりする係船機を利用して吊り上げることを考え出しました。

さすがドイツ人と感じたほど入念に計画された作業でしたが、途中ではやはり予想外のいろいろな経過がありました。それでも、いつもの時間になると、ちゃんと昼食と食後の休憩をとりました。このあたりにもドイツ人気質を感じたものです。

昼食後に再び溶断作業が進められ、一時四〇分には溶断に成功し、写真18のように吊り上げられました。この写真からはわかりませんが、切り取った甲板を吊り上げるために、係船機を操作したりワイヤーをかけたりすることに活躍したのは、同じMPCでも係留作業や荷役の経験がより豊富なMPC／Matrose（第5章2節で紹介しています）たちでした。

開口部ができたので、すぐにモーターをデッキまで取り出す作業になりました。上段で滑車を取り付けたりワイヤーをセットしているのは、MPC／MatroseのU・Hさんです。ここでU・Hさんの経歴を紹介しましょう。彼は当時二〇歳、港町に近いブレーメンで生まれ育ち、一六歳でこの会社に入りました。一年目はデッキボーイ見習い、二年目はデッキボーイ、三年目は甲板員見習いと、中世に生まれたマイスター制度の下で定められている三年間の徒弟時代を終えた後、海員学校で二ヵ月間の研修を受けて試験に合格し、MPC／Matroseの資格を得た人です。とても人懐っこく、「大橋さん、日本にエルベ丸という名前の船がありますよね。私が住むブレーメンにはヴェーゼル川があるんですよ。ですからぜひヴェーゼル丸という名前の船を就航させるように日本に帰ったら船会社に提案してください」なんてことを乗船したばかりの私に言いました。そして、一ヵ月あまりして下船するときも、岸壁に降り立った私にデッキから「ヴェーゼル丸を忘れないように！」と叫びました。とても優秀で、SBMのH・Cさんの指示を的確に受け止めて必要な作業をどんどん進める人でした。とき

⑲切り取られた甲板と開口部。右から機関長のK・Sさん、MPC/MotorのM・Fさん、SBMのH・Cさん

20 2つ目のモーターが溶断してつくった開口部から出てくるところ。右下は最初に吊り出したモーター。左側にしゃがんでいるのは機関長のK・Sさん。背中を見せているのはSBMのH・Cさん。その向こうはMPCのP・Sさん

には「こっちのほうがいいんじゃない？」などと、H・Cさんに手まねで提案したりもしていました。

こんな経過をたどりつつデッキまで吊り出す準備が完了したので、いよいよ吊り出しにかかりました。この作業はH・Cさんの計画どおりに順調に進み、三〇分後には一台目のモーターがデッキに置かれ、さらに三〇分後には二台目も取り出されました。

二つのモーターがデッキに置かれ、船体動揺で移動したりしないようにロープやスプリング（太い針金）でしっかりと固縛されました。この作業も、貨物が船倉内で移動したりしないように、いろいろと経験を積んできたSBMのH・Cさんの知恵が大いに活躍しました。

開口部は再び溶接によって閉鎖されました。二日後にはポートケランでまた開口部が必要になりますが、スコールだっていつくるかわかりませんし、密閉できない開口部は船にはあってはならないものです。

無事に二つのモーターが取り出された後、機関長のK・Sさんは「SBMが何でも教えてくれるから、私はチェーンブロックを引っ張っているだけ（笑）。まぁ安全への気配りが大事。みんなが一ヵ所しか見ていないことがありますからね」と、ほっとした表情を見せてい

ました。

この作業をしなければならないこの日の海がとっても穏やかだったことは、なんともラッキーなことでした。揺れの程度によってはできなかったかもしれません。

この後、驚いたことに午後三時から予定どおり消火訓練と煙を吸って倒れている人の救助訓練が行なわれました。デッキを切り開いてモーターを取り出すなどという予定にはまったくなかった大きな仕事があっても、予定していた訓練をとりやめたりせず、安全の向上のための努力を怠らないという、その姿勢には頭が下がりました。航海及び安全担当航海士のG・Sさんの指揮によるものでした。

話を操舵機に戻しますが、七月一日（土）の朝にはシンガポール海峡とマラッカ海峡を抜けました。でも、ここは狭いうえに交通量が多いところで、ふだんでもとりわけ慎重な操船が必要なところですから、ここを舵効きの悪い状態で航行するのは船長や航海士にとっては非常に大きな負担となりました。また、命令どおりに操舵するMPCにとっても緊張する場面でした。操舵にあたったMPC／MatroseのT・Rさんに海峡を抜けきってから聞いてみると、「舵は（モーターが）四台のときと（動きが）違っていてやはり緊張した」と言っていました。

この日の深夜、といってももう日付が変わって七月二日（日）になっていましたが、夜中の一時過ぎには無事にポートケラン港に着岸しました。すぐに代理店の人が乗船してきて、「四時にモーターが来ることになっています。だけどたぶん八時過ぎになるでしょう」と言ってい

21 ハンブルクから空輸され岸壁に届いたモーター

ましたが、実際に岸壁に届いたのは朝の七時一〇分でした。八時からSBMのH・Cさんと五人のMPCで、まずは故障した二台のモーターを陸揚げしました。それから空輸されてきたモーターをデッキに揚げましした。ここでちょっと面白いことがありました。というのは、モーターを梱包している木枠のあちらこちらにFIRST CLASSと大きく書かれていたからです。これに気づいて、二等航海士のJ・Bさんをはじめ、そこにいたみんなが大笑いしました。でも船長のG・Bさんは、あとでそう書いてあったことを話題にしたときに「大事なものだからきっとFIRST CLASSの料金を払っていると思う」と真顔で口にされたことから想像すると、船長はジョークとは受け取っていないようでした。

ちなみに、ハンブルクで下船してこの会社の本社を訪れ、所属する船の運航の責任者である海務部長のW・Pさんにお会いしたときにうかがってみましたが、彼もモーターの空輸にいくらかかったか答えてくれませんでした。知らなかったのかもしれません。結局、FIRST CLASSがジョークなのかそうでないのかは、わからずじまいでした。

この後、またSBMとMPCたちの見事な連携作業でモーターは操舵機に取り付けられ、デッキの開口部は再び溶接されて、夕方にはロイドの検査官の検査*にも合格してこの大修理は終わりました。

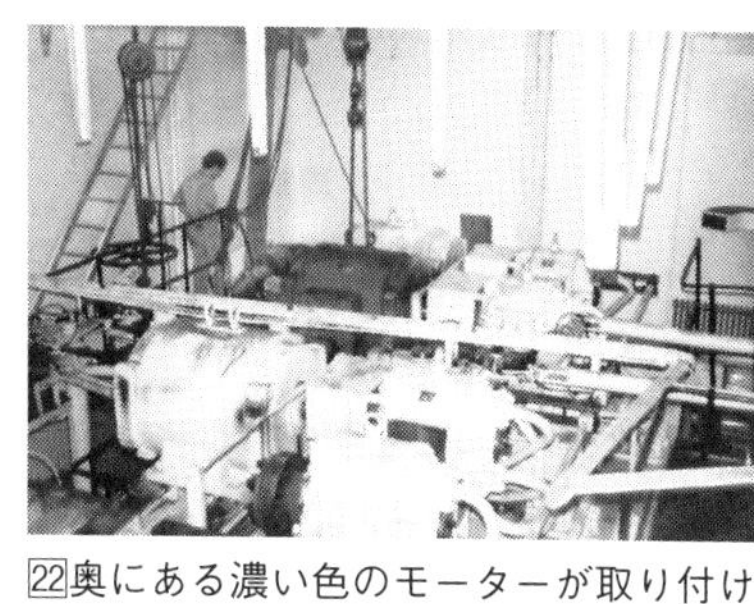

22奥にある濃い色のモーターが取り付けられたもの

総指揮をとった機関長のＫ・Ｓさんも、甲板長の経験を活かして現場指揮をとったＳＢＭのＨ・Ｃさんも、一〇人のＭＰＣたちも満足げな表情を見せていました。船長のＧ・Ｂさんは、「これでスエズ運河は大丈夫でしょう。あとはインド洋のモンスーン（彼はモンズーンと発音していましたが）だけが心配です」と、とりわけ嬉しそうでした。

陸揚げした二台のモーターはハンブルクに空輸され、原因究明と修理が行なわれるとのことでした。

大修理も終わり、荷役も終わったので夕方の六時三〇分にポート

【検査】 イギリスのロイド船級協会、ドイツのジャーマンロイド船級協会、日本海事協会などをはじめとして世界にはたくさんの船級協会があります。それぞれの協会が船体、機関、諸設備などについて独自の基準を設けて、実際に検査をしてその基準を満たしていると判断されるとその船級が与えられます。いわば安全性を示すもので、その船がどの船級をもっているかということは保険会社や荷主にとっては重要なことです。ただし、航海の安全を保証するものではなく、あくまでも船級のもつ基準を満たしていることを証明するものです。国際的に甘いと評価される船級は、取得しやすいかわりに、船や貨物にかける保険料が高くなったり、航行や寄港を制限されることもあります。

このケースでは、四台あることになっているモーターが三台になっても、ジャーマンロイドの船級を維持できることを証明するために検査官の検査を受けたのです。それぞれの船級協会は世界の主要港にこういう検査官を配置しています。

ケラン港を出港しました。

船長が予想したとおりモンスーンが強く、インド洋を渡っている間の五日間は第2章2節で紹介したI丸と同様にかなり揺れましたが、スエズ運河はまったく問題なく通過し、濃霧の地中海、ジブラルタル海峡、セーヌ湾と無事に航海を続けました。

英仏海峡を抜ける日には、船長のG・Bさんは当直以外の全乗組員をメスルーム（部員の食堂）に集めて、次の航海の東京入港は八月二〇日（日）が予定となっていると次航のスケジュールを紹介したあと、「今航は主復水器*や操舵機のトラブルをはじめとしていろいろなことがありましたが、みなさんの素晴らしい一致協力によって無事に航海を終了できたことを大変感謝します。また、この航海中ずっと美味しい食事をつくってくれたわれわれのシェフのR・Bさんにお礼を言います。ハンブルグに着けば、みなさんの一部は休暇に、一部は船ですが、よい休暇を！　よい航海を！」と挨拶をなさっていました。船長も休暇で下船です。

このあとエルベ河に入り、ポートケランを出港してから一六日後の七月二〇日（木）の早朝二時にハンブルク港に帰港しました。

八時には、背中にこの会社のロゴが入ったつなぎ（彼らはボイラースーツと呼んでいました）を着た人が八人乗船してきて、さっそく操舵機のもう一台のモーターの取り付けを始めました。

私はここで下船しなければならなかったので、その後の様子を実際に見ることはできませんでしたが、次に予定どおり八月二〇日（日）に東京に寄港した折に訪船して聞いたところ、ポートケランで修理したものはそのままで問題なく、残りの一台はポートケランから空輸されたものを修理・整備して取り付けて、操舵機は元どおり四台のモーターで稼動することになったということでした。

船では何が起ころうと、自分たちでなんとかしないとならないのです。もちろん、この例では、モーターがポートケランに届くように手配をしたのはオカの人たちです。これは乗組員にはできないことです。でも、操舵機の故障という大きなトラブルがあったにもかかわらず、荷主に約束した予定の航海スケジュールを一日も狂わさなかったのは、海が穏やかだったタイミングを逃さずに、甲板部の長である甲板長と機関部の長である操機長を統合した新しいSBMという職種の元甲板長のH・Cさんがもっていた豊かな知識と経験からしぼりだされた知恵、それに甲板員と機関員を統合した新しい職種の一〇人のMPCたちの骨身を惜しまない着実な働き、それらを効果的に組織して機能させた機関長のK・Sさんの豊かな知識と経験とお人柄、つまり船長が指摘したように乗組員の一致協力がもたらしたものでした。

【主復水器】 主機関であるタービンを動かして圧力の落ちた蒸気を、冷却して水にして再びボイラーに給水できるようにする装置のことです。この装置の蒸気が通るパイプの何本かに孔があいてしまい、このパイプを抜き出して、原因究明のためにハンブルクに空輸するという大変な作業が神戸港で行なわれたのです。

8 オイルショック、そのとき船では！

戦争ではありませんが、国際的な問題によって起こった困ったことの例として、一九七三年一〇月のあのオイルショックが起きたそのとき、船にはどんな影響があったのか、その様子を紹介します。

日本と北米東海岸を結んでいる当時の最新鋭のコンテナー船で、三万二三四三重量トンのK丸に私たちが乗船したときのことです。K丸は、復航の燃料油の補給は、いつも帰りにパナマ運河を太平洋側に出てすぐのタボガというところで沖取りしていました。沖取りとは、岸壁に係留するのではなく錨を下ろして錨泊して、本船の舷側に横付けした油船とかバージと呼ばれる、いわば船のタンクローリーから補給することです。私たちが乗船したときもその予定になっていました。ところが、その予定を確認し、ニューヨークを出港してわずか七時間後に、オイルショックの影響によるアメリカの石油政策の変更のためそれができないことがわかったのです。これは大変なことです。給油なしでは日本に帰ることも難しくなります。結局はニューヨークの次の寄港地であるカナダのセントジョンで予定外の補給ができて事なきを得たのですが、予定どおり補給できないという知らせを受けて、船内ではいろいろな部署でいろいろな対応策が検討されました。予定外の作業も必要となりました。

一一月一五日の木曜日、ニューヨークを出港する際に、同地在勤の船長（ニューヨークやロンドンなど海外の大きな支店に駐在して、船の運航を支援する船長経験者）が、タボガで三五〇〇トン（正確にはキロリットル、ここではわかりやすくトンと記します。以下同じ）の補油ができるように手配済みであることを確認した。

その時点でも既に石油問題が騒がれていた。アメリカでは数日前から自動車の最高速度を下げていたし、ビルの照明なども節約するよう勧告が出されてはいたが、そう深刻なものとも受け取れない雰囲気であったことも確かであった。事実、二日前の一三日（火）には、予定どおりディーゼル油三五五トン、燃料油二〇三トンを積み取っていた。ところが、出港後七時間程して、ニューヨーク在勤船長から、本船船長宛に無線電話が入り、タボガで補油できないことが判明した。

在勤船長からの話の要旨は次のとおりであった。

「予定していた燃料油が予定地のタボガで取れなくなった。アメリカの石油輸出制限策によるものである。パナマ地区は何処も駄目である。今、セントジョンに手配中であるが小型のバージはあるらしいが大型のバージはなく、しかもバース（岸壁）迄相当距離があるらしい。しかし、そもそもセントジョンで油が買えるかどうかも未だ不明である。目下、全力を挙げて油の確保に努めている」

なにしろ、本船は一日二〇〇トンの油を消費するので、復航のパナマ以降の分として三〇〇〇トンは必要である。一方コンテナーの港は何処も新しく、浚渫も充分でないため吃水の点が心配である。そのため、今迄はパナマ運河を抜けてから油を取っていたわけである。現

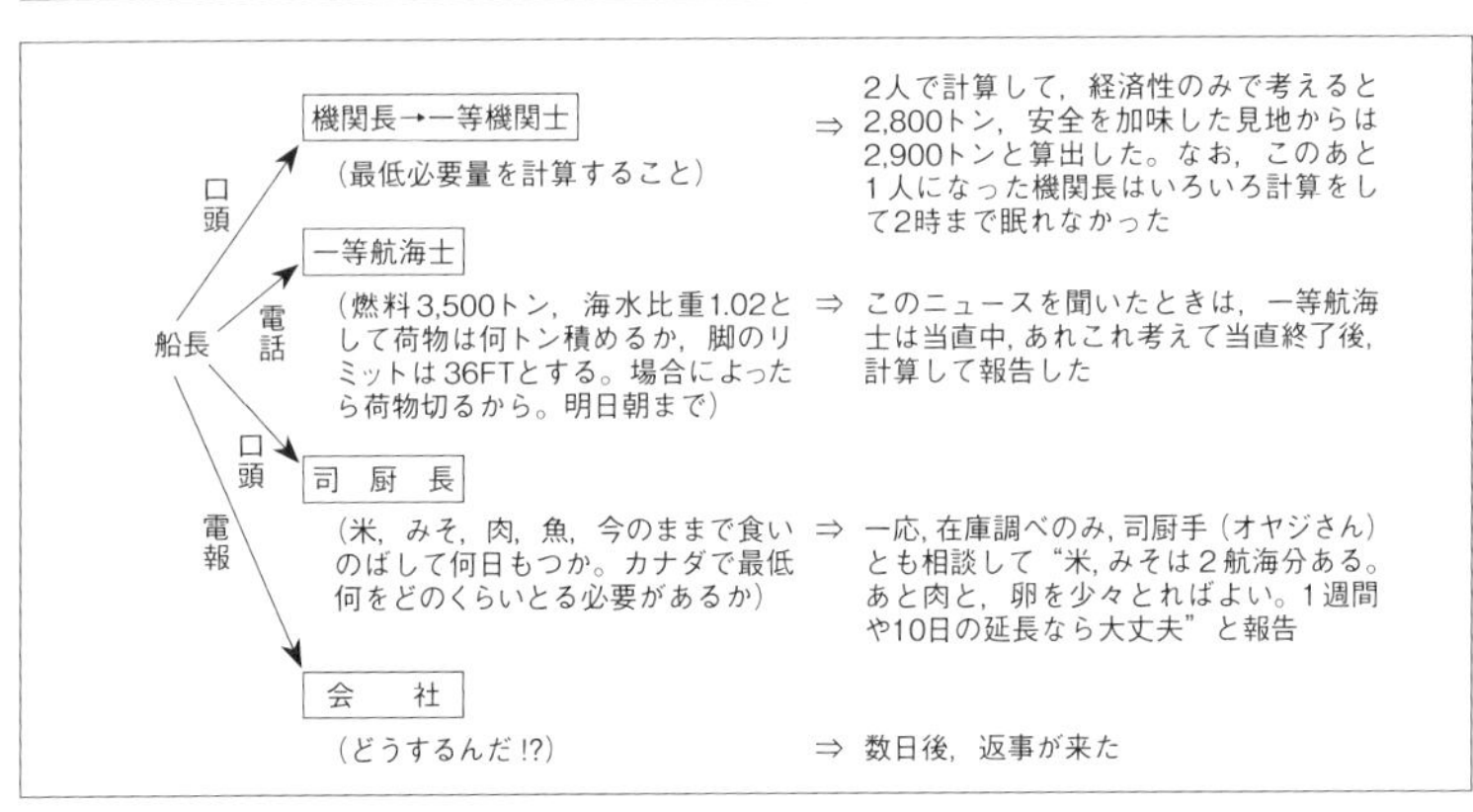

図１　ニューヨーク支店からの知らせが船に与えた影響と問題解決案の模索

に、つい最近、西ドイツのコンテナー船が、セントジョンにおいて三四フィート六インチで船底が海底に接触した事実もあり、その点を勘案して、セントジョン入港時が高潮時になるようにニューヨークの出帆時刻を調整してきたのである。

　油が取れないという情報は、船内にいろいろなうずを巻き起こした。このときの問題点とこれに対して考えられる解決策として考えられたことは、図1のとおりであった。

〈問題〉

①本船は、現在、パナマのタボガ迄の燃料しか持っていない。

②内地迄、三五〇〇トンは持っていたい。

③定期は守りたい（あらかじめどこの港にいつ入港すると予定し、荷主にも約束している航海スケジュールを守ること）。

④貨物は切りたくない（予定されている積荷を積まないこと）。

⑤こちらサイド（北米東岸）で、貨物満載で、かつ油を補給する際に十分に水深がある港はない。
⑥セントジョンは、吃水三六フィートが限界である。三四フィート六インチで底触した例もある。
⑦セントジョンは、河口で、清水に近いから余計脚が入る（船が沈む）。
⑧セントジョンには、三〇〇トンバージしかないらしい。もしこれでやれば、油の積み取りに一週間は要る。どこかに一〇〇〇トンバージがあるとも言うが、はっきりしない。
⑨セントジョンに第一、そんなに油があるかどうかわからない。あっても売ってくれるかどうか。

〈解決案〉
①油を充分取って貨物を切る。それもある程度の定期を守れる範囲で。
②全速力の二五ノットで走ることをやめて、二〇ノットに減速して太平洋をわたる。そうすれば燃料消費量が一日一〇〇トンと、全速力時の半分になる。もしバージが小さく、バースが遠くて燃料の積み取りに時間がかかるのであれば、これも一案。
③定期をこわしていつものタボガで油がとれるようになる迄、セントジョンで待つ。
④油が短時間にとれるならば、最低の積み込みで吃水を浅くする。

23セントジョンのコンテナーバース。手前は本船のデッキに積まれているコンテナー

いずれにしろセントジョンに着くまでわからない。

船内では次のようなさまざまな会話が交わされた。

「大橋さん！　セントジョンから、飛行機で帰って下さいよ」

「セントジョンで正月越すか」

「大体、本店はなにをやってんだ。予想されていることじゃないか」

「何もかも、五社（当時、ニューヨーク航路にコンテナー船を配船していた五つの海運会社のこと、いろいろと協定を結んでいました）で相談して決めるんだから遅いやね、対策をたてるのが」

「アメリカはいかんなー、これじゃ、第二次大戦前と同じじゃないですか」

「日本政府はグズダワナ、アラブだって売らないわけにはいかんのだから、油を節約するというポーズが必要なんだよ。アメリカですら、あの翌日には、スピードダウン令じゃないか」

「これは、アメリカとアラブとソ連、それにイギリスと中国がかんだ陰謀だよ。日本とドイツは生意気だから、ちょっといじめてやろうってね」

「うちの会社は、ちゃんと対策をたてるでしょ。だけどいろいろあるからなぁー」

セントジョンでの補油

結局翌日セントジョンに入港して、ここで三〇〇〇トンの補油ができ、かつ大型バージもあることが判明し、ほっとした表情が関係者に強く見られた。そして一六日の夜から一七日にかけて一〇〇〇トン、一七日の昼間に二〇〇〇トンを積み取った。

なお補油にあたっては、ホースの吊り上げ用ブロックとかその他の準備は甲板部が昼間の間にやっていた。ただ実際にバージがきたのは予定より二時間も遅れた夜の一一時頃になっていたため、油屋の要請により作業に邪魔なタラップの格納が必要になっても、「遅い時間だから甲板部起こすのは気の毒だよ」というわけで一切機関部員がやった。それも、一番若い機関員のM・Fさんがタラップの取り扱いを熟知していて率先して作業にかかり、あとの人達は彼の安全に気を配っていた。

24給油パイプの邪魔になるタラップを格納する機関員のM・Fさん

また、この補油作業は、本章2節で紹介したピストン抜きと重なっていたため、一〇〇〇トンの補油が終了した夜中の二時には、皆相当疲労している様子であった。機関長のS・Yさんも防寒具に身をかためて出て来て、「ご苦労さん！」と声をかけていた。

こうして、復航の燃料の心配は解消した。

補油が甲板部におよぼした影響の一つ

このセントジョンで補油することになったことは、次のような甲板部の仕事を生み出した。

ここで補油することは前述のとおり、吃水が心配なので、ダイクさんのH・Bさんは毎晩低潮時に零度を切るマイナス五度という寒さのなかで、船の周囲をグルリ回って海底までの深度を測定していた。

ロープの先にレッド（鉛の錘）がついているものを投げ込んで、ロープの目盛りを読む。測定と記録を一人でやるので、その手は寒風の中で真赤になり、半分回らないうちにかじかんできて、まともに数字がかけない有様であった。彼の測定と記録は大変重要なものであり、その結果は毎日、事務室に貼り出されて、荷役関係者の参考となっていた。しかし彼の仕事ぶりを見た人は私以外には誰もいなかった。深夜、寒風のなかで黙々とレッドを投げ、濡れたロープを操り正確を期するため、一ヵ所について三回も四回も慎重に測って確信を得ると、ロボットのようなぎこちない手つきで記録し、それを繰り返し、全ての測定を終えると事務室に戻って手を温めたのち、きれいに書きなおして事務室に掲示していた。[2]

世界の海を走り、さまざまな国や地域に行く船の乗組員は、自分たちが今いるところで起きることはもちろん、遠いところで起きる政治や経済の影響も直接的に受けて、日常生活を即時的に変えられてしまうことは少なくありません。

何が起きてもなんとかしないとならないのです。128頁の図1にある「米、みそ、肉、魚、今のままで食いつないで何日もつか（傍点筆者）。カナダで最低何をどの位とればよいか」という司厨長への船長の問いかけはまさに命にかかわる問題です。それに対して「米、みそは二航海分（約一〇〇日分）ある。あと肉と、卵を少々とればよい。一週間や一〇日の延長なら大丈夫」と答えた司厨長S・Nさんの言葉は、何が起きるかわからないことに備えている、ふだんの生き様の一端を示したものでした。

（1）コンラッド『青春』田中西二郎訳、新潮文庫、一九五一年
（2）大橋信夫・青木修次『新鋭高速専用船における生活と集団機能との関連について——ニューヨーク航路コンテナー船乗船調査報告』海上労働科学研究所、一九七五年
（3）西部徹一『船員の戦後史事典』労働科学叢書83、労働科学研究所、一九八八年
（4）大橋信夫「作業分析から見た外航貨物船機関部航海当直作業について」『海上労働調査報告』第一八集、労働科学研究所、一九六八年、一五〇～一五六頁
（5）大橋信夫「西ドイツコンテナー船で出会った人々——乗船調査ノートから　その1～4」『労働の科学』第三五巻第二・三・四・六号、一九八〇年、および第六五巻第四号、二〇一〇年

第4章 船と貨物と自分たちとを守る

船の乗組員の仕事は積荷を確実に運ぶことです。そのためには船を守ることと自分たち自身を守ることが必要です。本章では、その取り組みの一部を紹介します。

1 操練

安全維持に関する乗組員の目標としては、まずは「積荷を守る」「船を守る」が挙げられるでしょう。この二つの目標の優先順位は微妙です。船を沈めたりしては荷主から委託された荷物を損なうことになりますから、なんとしても船を守らなければなりません。でもときには、もちろん非常にまれですが、船を守るために貨物を投棄することもあります。こんなことは近代の海運産業では実際にはほとんどありませんが、でも可能性としては今も残されています。航空機が胴体着陸などの緊急事態に備えて燃料を投棄することに似ているかもしれません。ときには船を放棄することだってあります。

一方、近年は船や貨物を守ることの意義に、「環境を破壊しないように」というのが加わっています。一九六七年に一四万キロリットルの原油を流出させて、イギリスの南西部とフランスの北部沿岸部に深刻な被害をおよぼしたタンカーのトリー・キャニオン号の事故、一九八九年に約四万二〇〇〇キロリットルの原油をカナダのプリンス・ウィリアム湾に流出させたバルディーズ号の事故、一九九七年に八六〇〇キロリットルを流出させて日本海沿岸の広い地域に油濁を与えたナホトカ号事故に見るように、船の事故が環境に多大な影響を与えることが明らかとなっている今日では、船の安全を守るということの意義に、環境を守るということがあるのは明らかですし、だからこそ乗組員は船と貨物を守るために大変な努力をしています。

船では、火事、浸水、漂流など異常な状態に突如置かれることも当然予想しなければなりません。ですから、そういう状態になったときに、適切な行動がチームとしてとれるように日ごろから訓練をしています。船体や貨物の消火訓練もあれば、退船訓練や溺者救助訓練などいろいろあります。こういう訓練のことは操練と呼ばれています。英語では Station drill という言葉が使われるようです。

操練はたいてい航海中で、お昼ご飯のあとの一時から実施されます。これは、ほとんどの人が起きている時間帯で、交替勤務者の睡眠をあまり邪魔しない時間だからです。

まずは消火訓練について紹介しましょう。たとえば、「ボートデッキ、電池室において火災発生！　各自配置につけ」というような放送が船内に流れます。この例では、無線通信用の非常用電源として設置されている電池室での火災発生が想定されています。電池室が火災となっ

1消火訓練実施中であることを知らせる旗旒信号

て、もし非常用電源を失うようなことになったら、その影響は大変に深刻です。これが機能しないために何が起きるのかは、二〇一一年の福島第一原発事故からもよくわかります。

火災発生の際に各自がどのような役割を果たすかは、あらかじめ決められています。これにしたがって、乗組員全員が配置につきます。まずは船長や航海士が火災箇所が風下になるように変針させたあと、機関長や機関士がエンジンを停止し、甲板手はマストに特別の旗を掲げます。実際に火災が起きた場合はもちろん「我、火災発生」を意味する旗を揚げますが、操練の場合は「我、演習実施中、我を避けよ」を意味する旗旒信号です。

2消火器取り扱い訓練

陸上のオフィスや工場でも火災が発生したときの避難訓練が行なわれることがあるようですが、船では避難する前に自分たちで消火しなければなりませんから、まず消火訓練です。

陸上の訓練と違うことは、ヘルメットはもちろんですが、それに加えて救命胴衣を着用したうえで配置につくことです。消火できなければ退船しなければなりません。状況によっては、救命ボートを降ろす間もな

3放水テスト

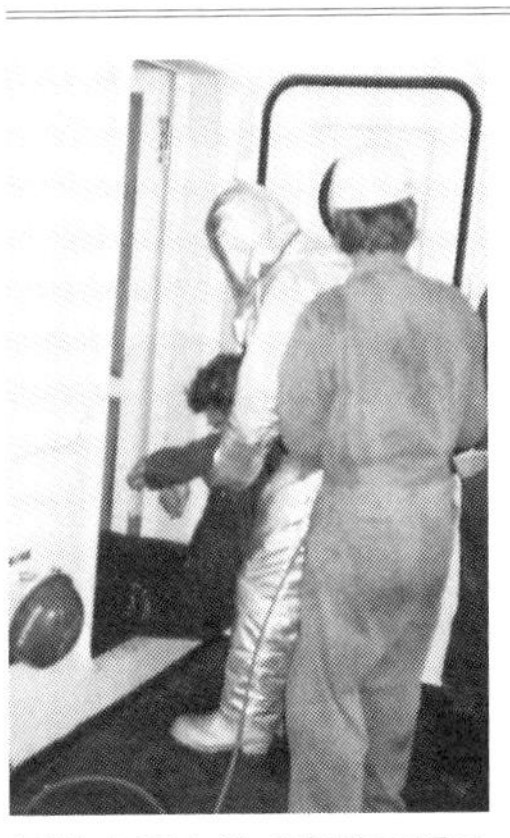
4防火服を着て意識不明の
怪我人を救出

く海中に飛び込まなければならないことだって想定されるからです。第2章2節で、ちょっと紹介した際に挿入した写真7にあるとおりです。

私が学生時代に訓練を受けたときには、タオルを一枚、利き手ではないほうの上腕部に結び付けることを教わりました。これは煙の中を移動する際に、上腕を曲げて口元に当てれば、煙や高温の空気から身を少しでも守ることに役立つからです。これは陸上でも有効かもしれません。

消火訓練の際は、もちろん消火栓にホースをつなぎ、実際に放水も行ないます。

ときには火元付近で人が倒れていることを想定して、防火服を身にまとって救出する訓練も行なわれます。

消火訓練のあと、たいていは退船訓練に移ります。つまり消火に成功しなければ、救命艇を降ろして退船しなければならないからです。退船に先立ち、一等航海士によって、全乗組員の点呼と、救命胴衣を正しく着用しているかどうかの点検が行なわれます。

船長によっては、厚手のセーターを一枚重ね着するこ

⑥試験走行中の救命ボート（スエズ運河の南側錨地で）

⑤船橋で指揮する船長のM・Kさん。厚手のセーターを着て腕にはタオルを巻く

とを日ごろから指示しておいて、点呼の際にこれも確認するように一等航海士に求める人もいます。海中にいるときに、このセーター一枚で体温低下をずいぶんと防げるのだそうです。写真⑤に見るように船長自身も厚手のセーターを着て指揮しています。

ときには救命艇を海面に降ろして、船のまわりを実際に走らせてテストすることもあります。

こうした操練では、換気口の閉鎖、機関室と推進軸室とのドアーなど各防火ドアーの閉鎖、非常用のディーゼルエンジンの始動停止訓練、救命艇のガソリンエンジンの始動停止訓練なども行なわれます。

操舵機のモーターのトラブルについて第3章6節で紹介した西ドイツのコンテナー船HK号では、積み荷のコンテナーが燃えだしたという想定で、内部に放水できるようにコンテナーに穴を開ける訓練までやっていました。当時の西ドイツの法規では、月に一度はなんらかの操練をやることが義務づけられていましたが、HK号では毎週やっていました。月に一度では不充分で、乗組員がいろいろな体験をしておく必要があるという会社独自の方針でした。担当者のドイツ語の職名は、訳せば「航海及び安全担当航海士」でした。操練に関するすべてを任されている彼は、毎週どんな操練を実施する

かと頭を悩ませているようでしたが、一方で楽しんでいるような雰囲気もありました。(1)

2 安全衛生委員会

自分たちで船内の安全衛生に努める働きもあります。一般の産業場面でも従業員の安全衛生問題はとても重要な課題ですが、限られた人数で、しかも補充も容易ではないまさに人里離れて運航している船では、きわめて重要な課題です。でも、船では乗組員自身が自分たちの健康と安全を守らなければなりません。医師もいなければ医療施設があるわけでもありません。航海中に怪我をしたり病気になったりしたら大変です。そこで船では、こうした作業安全、労働衛生などに関することを担当する安全衛生委員会が置かれていて、これが大きな役割を果たしています。

ここで、第2章でも取り上げた貨物船I丸で、ホンコンからシンガポールに向かう航海中に開催された安全衛生委員会の様子を紹介しましょう。

日本の最終港である横浜を出てから六日目の夕食の際に、一等航海士と一等機関士が相談して翌日の五月二一日（金）の午後一時から開催することが決まり、全員に知らされました。

当日、定刻の五分前には当直者を除く全員がメスルーム（部員の食堂）に集合して、定刻どおりに開かれ、一等航海士の司会で次のような展開となり、午後二時に終了しました。

船長T・Hさん：（内地最終港を）出港前に今航の（安全衛生に関する）方針を決めるこの会を開けなくて申し訳ないと思っています。悲しいことに一人帰ったりすることがありました（145頁の解説「甲板手の怪我」を参照してください）。今航は長いです（三ヵ月の予定）から一つ十分に気をつけて、みんな揃って元気に日本に帰りたいと思いますので一つよろしくお願いいします。

一等航海士T・Iさん：№6（貨物倉）のスターボードサイド（右舷側）は、有毒で可燃性の貨物です。漏れたらクロロフォルム的な匂いがして皮膚を傷めます。気付いたら甲板部に連絡して下さい。それとデッキは禁煙にしたいと思います。ボースン（甲板長）、表示しておいて下さい。

それから№1（貨物倉）にドラム缶で一二五本、可燃性のものがあります。またプープ（船尾）のストアー（倉庫）にはガスライターがあります。

水は名古屋で検査したところそのままではOKでしたが、飲料水冷却機の殺菌灯の出口はアウトでした。こんなことは初めてで、フィルターのせいです。詰まると船体と一緒で、一挙に雑菌が増える。交換がどうなっていたか調べるとどうもやや手落ちがあり、今後デッキの方（甲板部）でフィルターの交換に注意しますから、エンジンの方（機関部）は殺菌灯の交換をお願いします。フィルターの交換は二週間に一度位が理想です。

本船は一〇〇〇トンくらい水を持っていますが、一応使えるのは六〇〇トンです。№1（第一清水タンクの水）と№2（第二清水タンクの水）は赤くて、いざというときしか使えません。

ラジオ体操はヒトサンマルマル（午後一時）からNHKの第一と第二、日曜日は休みます。

船長：本船、ゴキブリおるかな？

一等航海士：シチョージ（司厨長）、どうですか？

司厨長K・Mさん：おるにはおるですね。

船長：あまりいないな。だけどスエズ（の港湾局）でごちゃごちゃ言われるとつまらんから、入港前に入口のマットとか、連中の目につきそうなところに薬を撒いといてくれや、匂うようにね。連中は衛生的見地より何か（本船から）貰おうとして言うんだから。

一等航海士：担架の使い方を覚えておいてほしいのですが。ありゃー新しいやつだから、甲板部も機関部もやっておいた方が良いと思います。

一等機関士U・Mさん：シンガポールまで待って下さい、いろいろ（整備作業が）あるので。

一等航海士：ボースン、あれぇ紐を簡単に正しく結べるように、なにか目印でもつけておいて。マジックでいいんだよ。

甲板長T・Tさん：それはいいですが、あれ、ストアーに入っているんですが、いざというときに気がまわらんですから、格納場所を決めませんか？　ディスペン（dispensary、医務室のことで医薬品などが置いてある）は（停泊中は）鍵がかかっているし……。

（この提案を受けて直ぐに事務室に立てかけて置くことになりました）

一等機関士：ではエンジンの方からいくつか。

　冷房中は（各自の部屋の）ドアーは閉めておいて下さい。

　それと本船はトイレの流し水（海水）は止めておくのスか？

（その場で常時、流すことになりました）

　それとライフボート（救命艇）を開ける（普段はかけてあるキャンバスのカバーを）時があったら、エンジンに知らせて下さい。エンジントライ（試運転）をしたいし、人が替わっていますから、みんなに（エンジンの操作を）覚えておいてもらわんと。

　それから毛布を乾かすようにしたいんですが。

（一等航海士は乾燥用の紐をデッキに張るようにボースンに指示しました）

操機長K・Sさん：ピラー（枕）が低すぎるようですが？

司厨長：新品でも三ヵ月すればペチャンコになるんです。でも今度（日本に）帰ったら、替えたい人のは替えましょう。

司厨長：ウォーターフォンテン（通路に置いてある飲料水冷却機）にコップを置くようにしたらどうでしょう？

（機関部で金具、甲板部で台を作ることが決定されました）

一等機関士：デッキで溶接その他必要あるときは、できるだけまえびろに*連絡して下さい。

操機長：GP教育*をしているのに使わんと忘れてしまいます。受けている人はどんどんやって下さい。できんことは協力します。会社がお金かけてやってるのにもったいないで

【まえびろに】もちろんこれは「前もって」とか「時間の余裕があるときに」といった意味ですが、船の乗組員たちが大好きな言葉です。忙しい毎日を過ごしていることの反映なのでしょう。いつ時化などで予定外のことが起きるかわからないから、できるときに早めにやっておこうとする防衛行動の意味合いもあると思います。

【GP教育】甲板部でも機関部でも働けるGeneral Purpose Crew（GPC）に転用するための両用教育のことです。

す。私が仕事したくなくてではないですよ。

一等航海士：GPでもレクリーダー（レクリエーション・リーダーの教育）でも（受けていても）黙ってるもんな。名前に（乗組員名簿）記号でもつけたらどうかな。

（みんな黙っているのでこの話題はここで終わりました）

一等機関士：（話題を変えるように）今航のレク（レクリエーション）の予定はどんなんですか？

一等航海士：文化委員*に検討させましょう。

船長：私から文化委員に言います。

一等航海士：ほかになければこれで終了とします。

（ちょっと間をおいて）

甲板長：今度、私の不注意からみなさんに大変にご迷惑をおかけして、まことにあいすみませんでした（甲板手の怪我*のこと）。

こうして予定どおり午後二時に終了しました。途中経過の一部は省略しましたが、自分たちの安全衛生のために、乗組員がそれぞれの立場で取り組んでいる様子を垣間見ていただけたかと思います。

(1) 大橋信夫「西ドイツのコンテナー船で出会った人々——乗船調査ノートから その1」『労働の科学』第三五巻第二号、一九八〇年、四二〜四八頁。

【文化委員】 船内図書館用の本やビデオの購入、船内運動会やパーティーの企画運営など船内生活を少しでも豊かにすることを担当する委員のことで、各部の若い乗組員がなることが多いようです。
【甲板手の怪我】 二日前にホンコンでブイ係留するため、錨を錨鎖から外す作業中に一人の甲板手が錨鎖に指を挟まれて骨折し、ホンコンの病院の医師の判断で、治療のため下船して空路で帰国したことを指しています。

第5章 本書に出てくる船の乗組員組織

1 日本船の乗組員組織の基本型

日本人だけで運航してきた商船の乗組員組織は、実際には時代によって、あるいは船の種類によって多少異なりますが、基本型は図1に示したとおりです。

第2章で紹介した雑貨船のI丸は全員が日本人で、事務長も船医も乗り組んでいましたので、乗組員組織は図1のとおりでした。ほぼ同じ時期のコンテナー船K丸も全員が日本人でしたが、こちらにはもう事務長も船医もいませんでした。

そうして、まもなく日本人だけが乗り組む外航船はどんどん減っていきました。日本全体では一九六

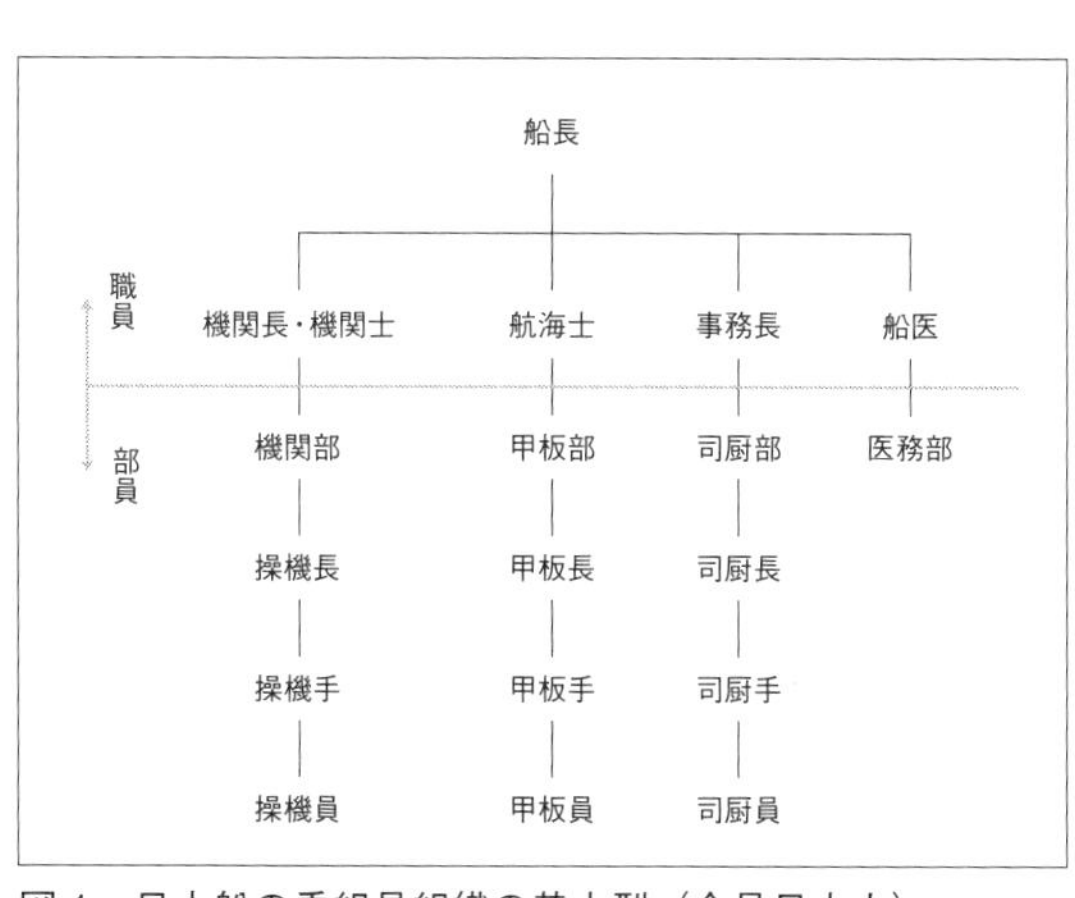

図1　日本船の乗組員組織の基本型（全員日本人）

1 入港諸手続きの準備に忙しい事務長のH・Iさん

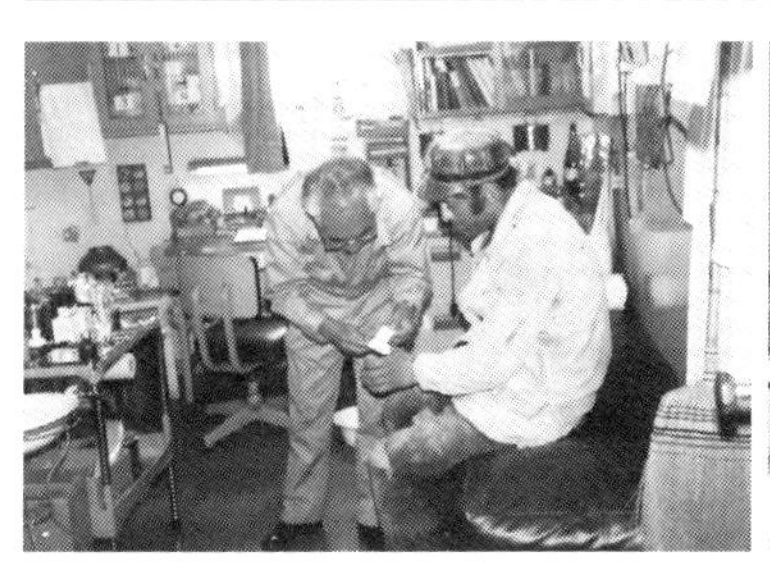

2 船医のH・Hさん（左）

○年代の後半ごろから、フィリピンや韓国などからの船員が乗り組む混乗船が増えていきました。これは本章3節で紹介します。

混乗船が増えていく傾向の中で、合理化をいちだんと進めて非常に少人数、たとえば八人くらいの日本人だけで運航することも検討されましたが、これは実験段階で終了し、結局は混乗方式となりました。次に紹介するドイツの試みもそうした合理化による少人数化を模索したものですが、やはり工業的発展途上国の人件費の安さには抗しきれませんでした。

2 西ドイツが試みた新しい乗組員組織

第3章7節「操舵機モーター故障」で紹介した西ドイツのコンテナー船HK号では、当時の日本船にはなかった乗組員組織がありました。その特徴を紹介します。

もっとも際立った特徴は第3章7節で少し紹介したように、通称MPCとSBMと呼ばれていた特殊な職名の乗組員がいたことです。いわゆる合理化と呼ばれる少人数化が進められる中で導入された新しい試みの一つです。

MPC

まずはMPCです。ドイツでは正式にはFachkraftと呼ばれますが、英語のMulti Purpose Crewの頭文字をとったMPCという呼び方（エムピーシーという英語読み）を彼らも日常的に使っていました。

在来船では、前節の図1で紹介したとおり、一等航海士の下には甲板長（ボースン）を職長として、その下に甲板次長（ダイクさん）、甲板手、甲板員がいて、荷役や船体の整備にあたっています。甲板手は船橋で当直にもあたり、操舵も担当します。一等機関士の下には操機長（ナンバン）を職長として、その下に操機次長（ストーキー）、操機手、操機員（機関員と呼ばれることもあります）がいて、主機関をはじめとするあらゆる機器の整備にあたっています。操機手は当直やMゼロ当番も受け持ちます。

3 船尾で夜間の入港作業にあたるMPCのH・Lさん（左端）

甲板部員も機関部員も法律でそれぞれ最少定員が規定されていますから、それより少なくはできません。そこで、この甲板部と機関部とを一緒にしようとして、日本などの主要海運国ではいろいろな案が検討されました。でもすべて案の段階にとどまりました。そんな中で西ドイツが実際に試みたのがMPCでした。いわば多能工化です。原則として二ヵ月ずつ三回、海員学校で甲板部と機関部の両方の教育（甲機両用教育と呼ばれます）を受け、三年以上の乗船経験を経たあとに、試験に合格すればMPCとして働けるような制度をつくったのです。そうして、荷役や船体の整備も機器の整備も受け持つことになる新しい職種が誕生しました。つまり在来のデッキ（甲板部）の仕事とエンジン（機関部）の仕事の両方をやる職種です。ですから、航海士の補佐として船橋の航海当直に入り、挟水道では操舵・見張りを行ない、出入港時には船首や船尾で投錨・係留作業にあたり、船体や機関の両方の修理・整備に従事するというまさに多目的のために働く船員です。

もっとも、MPCにも二つの資格があります。MPC／ABあるいはMPC／Matroseという資格と、MPC／MotorあるいはMPC／Maschineという資格です。どちらもMPCとして乗船できるとともに、在来の乗組員組織で運航されている船には、MPC／Matroseは甲板手として、MPC／Maschineは操機手として乗船することができます。

4 パイプの溶接をするMPCのH・Lさん（右）

私が乗船したHK号にはMPC／Matroseが六名、MPC／Maschineが四名、合計一〇名のMPCが乗船していました。日常の呼び方はMPC／Matroseがエムピーシー・デッキ、MPC／Maschineがエムピーシー・エンジンでした。

SBM

もう一つの新しい職種はSBMです。これは航海士の下で働く甲板部の職長の甲板長と、機関士の下で働く機関部の職長の操機長の二つの職種を統合したうえで、中世からのマイスター制度とリンクさせて、Schiffsbetriebsmeisterと名づけて西ドイツの三社の海運会社で試みていた職種です。社会的地位の高いマイスターという資格と関連づけたところがドイツ人らしい巧妙なやり方です。日常の呼び方はエスビーエムと英語読みをしていました。

ＳＢＭは、甲板長もしくは操機長経験者に対して、いわゆるカウンター教育を受けさせたうえで、国家試験に合格した者に与えられる資格です。甲板長出身であれば、六ヵ月間乗船して、定員外の教員として乗船している機関士から機器の整備や修理などの訓練をみっちりと受け、そのあと陸上で六ヵ月間の講義を受けたのちに、国家試験に合格すればＳＢＭとして乗船できます。操機長出身であれば、同じく六ヵ月間乗船して、定員外の教員として乗船している航海士から操舵や係留機器の操作、荷役、船体の整備や修理などの訓練をみっちりと受け、そのあと陸上で六ヵ月間の講義を受けたのちに、国家試験に合格すればＳＢＭとして乗船できます。もちろん、在来の乗組員組織で運航されている船では、甲板長あるいは操機長として乗船することができます。

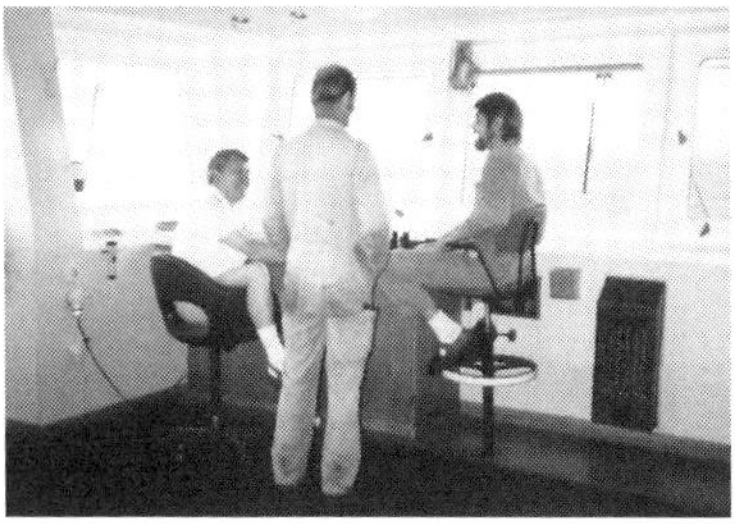

このＳＢＭは、乗組員組織上では機関長の下になっていますが、実際には一等航海士と一等機関士との相談のうえで決まった指示に基づいて、ＭＰＣを使ってさまざまな仕事をこなしていく

5 一等航海士（左）と一等機関士（右）と整備作業の打ち合わせをするSBMのH・Cさん（中央）

のです。[1]

ＨＫ号のＳＢＭのＨ・Ｃさんは当時四七歳、南ドイツのオーストリアに近い高地で生まれ、一九歳から船で働き始め、二九歳で甲板長に昇進し、四五歳でＳＢＭになりました。すでに二年の経験をもっているＨ・Ｃさんが、ＳＢＭやＭＰＣについていろいろな感想を語ってくれた中で、次の一言はとても印象的でした。

「一等航海士と一等機関士の仲が悪いと、もうたまったもんじゃないですね。まぁ本船では幸いに二人がうまくいっているので助かってますが。二人の関係が駄目な船に乗り合わせると苦労します」

どうやら、日常のいろいろとある整備作業などをこなすために必要なＭＰＣの確保をめぐって、二人の間でバトルが展開するようです。

二人がうまくいっているＨＫ号で、こうしたＳＢＭとＭＰＣが活躍した操舵機モーターの交換については、第3章7節で紹介したとおりです。

3 異文化をもつ人が同じ船に乗り組む混乗船の組織

第2章6節の最後に、Ｉ丸の司厨手のＭ・Ｋさんには乗船中はもとよりその後も混乗船のことでお世話になったことを記しました。

最近はほとんどすべてが混乗船で、船長、機関長など主要な職員の一部が日本人で、残りの職員と部員の乗組員がすべて外国人という乗組員組織で運航されています。

このように、一隻の船の乗組員を複数の国の出身者で組織することを混乗あるいは混乗方式と呼び、そのような船を混乗船と呼びます。

商船で働く乗組員を複数の国籍をもつ船員で組織することは、世界的には古くから行なわれていました。もっとも、そのころは混乗船とは呼ばれていませんでしたが。たとえば、帆船時代の最後を飾りスコッチウィスキーの名前にもなった有名なカティーサーク号は、現在ロンドン郊外のグリニッチのテムズ川畔に博物館として保存されていますが、これも今でいう混乗船でした。同博物館の資料には、船長や航海士はイギリス人でしたが、それ以外のハンズ（hands）と呼ばれていた人々の国籍はドイツ、イタリア、ギリシャ、オーストラリア、西インド諸島などであったと記されています。(2) ちなみに、カティーサーク号は当時とすれば大型で、九六三トンでした。(3)

イギリスやオランダなどの欧州の先進海運国では、宗主国／植民地の関係を利用した混乗方式、つまり、たとえばイギリス船にはイギリス人職員とインド人部員を乗せ、オランダ船にはオランダ人職員とインドネシア人部員を乗せてきたのです（職員・部員については95頁で解説しています）。これらの国々では、第二次大戦後に宗主国／植民地という関係がなくなってもその関係を利用して、雇用し求職してきたのです。

日本の商船でも、明治から大正の初期までの間、つまり近代国際海運の黎明期には、鉄鋼など主要な産業や大学がそうであったように、いわゆるお雇い外国人が活躍していました。イギリスやノルウェー出身の船長、機関長たちの下で日本人船員が乗り組んでいました。つまり混乗だったのです。

でも日本では、この時期と第二次大戦直前にアジア船員を乗り組ませていた一時期とを除いて、混乗ではなく日本人船員だけで日本船を運航してきました。しかし、この伝統も一九六五年ごろから崩れ始め、混乗船が増えて、日本の海運企業傘下で多数の外国人船員が期間雇用されるようになりました。そうして、戦後の最盛期には約四万五〇〇〇人いた外航海運で働く日本人船員はどんどん減少し、代わって外国人船員が働いています。

日本船主協会の林忠男さんによれば、日本の商船隊で働く船員は約五万人ですが、日本人船員はその五%にあたる二六〇〇人にしかすぎないとのことです。あとはフィリピン人が七〇%の三万五〇〇〇人、インド人が六%の三〇〇〇人、その他、中国、インドネシア、ミャンマー、ベトナム、クロアチアなどが一九%で九四〇〇人となっていて、いずれもおよその数字ですが、もはや外国人船員の存在を抜きにして日本の商船隊は存続できない状態となっているようです(4)。

4 混乗船に船員を派遣するマンニング会社

今の日本にはいくらもある人材派遣会社と仕組みは本質的に同じですが、船員を派遣することに特化している会社があって、マンニング会社と呼ばれています。外国籍の船員は、このマンニング会社の斡旋によって期間契約で混乗船に乗船するのです。フィリピン、韓国、中国など船員の供給国には大小たくさんのマンニング会社がありますが、需要国の日本側にもあります。供給国側のマンニング会社は、乗船したい船員をプールしておいて、船を運航する日本の海運会社からの注文を受けた日本のマンニング会社の要請に応じて必要な船員を送り込んでくるのです。商船を運航する大手の海運会社の中には、供給国の特定のマンニング会社と契約を結び、自分の会社および系列の会社にだけ派遣するように限定しているところもあります。質のよい優秀な船員を安定的に確保するためです。船員供給国であるアジアの国々や地域の船員がこういう大手の海運会社と契約しているマンニング会社に入ることは、競争が激しくてなかなか困難なようです。乗る船の居住設備も比較的よいし、賃金、休暇その他の労働条件に関する契約内容がきちんと守られるから希望者が多いのです。そのことは逆に、書面による労働契約がなかったり、約束した賃金が家族に送金されなかったりなどのトラブルも少なくないことを物語っています。

いずれにしても、船を運航する海運会社は、これらのマンニング会社を通じて、必要な船員を必要な港で乗船させることができるようになっています。普通は契約が終了して休暇となる船員の後任を求めることが多いのですが、病気などで契約終了前に急遽下船した後任を短期間で送り込むのもマンニング会社の仕事です。

なお、日本人の船員は所属する日本の海運会社の乗船命令に基づいて乗船しますが、特定の海運会社に所属していない一部の日本人はこのマンニング会社を利用しています。

実際はどうなっているのか、SL号の例を紹介しましょう。この船は、日本から北米に鋼材を運んでいた鋼材運搬船（船籍はパナマ籍、一万七〇〇〇総トン）で、日本人は船長、機関長、一等航海士、一等機関士、二等航海士の五名で、あとは一八名の韓国人が職員や部員として乗り組んでいたものです。

SL号の実質的な所有者は、四国の今治に本社がある船舶所有汽船株式会社（仮名）ですが、書類上はパナマに本社がある（実際はいわゆるペーパーカンパニー）パナマ船舶登録汽船株式会社（仮名）です。船舶所有汽船会社がSL号の船体をパナマ船舶登録汽船会社からチャーターして、乗組員を配乗したうえで、東京に本社があるSL号を運航する船舶運航海運株式会社（仮名）に貸し出したものです。

乗組員を配乗するために船舶所有汽船会社が契約していたのは、東京に本社がある東京海上派遣会社（仮名）です。東京海上派遣会社はSL号の一八人の韓国人船員を、派遣に関して契約している韓国の釜山にある釜山船員派遣会社（仮名）を通じて確保していました。ですからこれらの一八人は、釜山船員派遣会社の就業規則に基づいて働くわけです。

一方、SL号の日本人について見ると、船長は日本のある海運会社を定年退職した方で、前任の船長が急に下船したため友人である東京海上派遣会社の社長に乞われて乗船しました。他の四人の日本人も、やはり東京海上派遣会社に所属しているわけではありませんが、個人的に関係があり、過去にも外国人と乗船勤務したことのある経験者でした。そして五人とも、産業別単一組合である全日本海員組合を離れたいわゆる未組織船員でした。ですから、この五人は、東京海上派遣会社の就業規則に基づいて働いていました。つまり、同じ一隻の混乗船の乗組員が、形のうえでは異なる就業規則の下で働くことになります。船長をはじめとする船内の管理者は、双方の就業規則を熟知していなければなりません。賃金や休暇などに関する点を除けばそう大きな違いはなくても、ときにはこの二つの就業規則の差異から問題が生じることもあります。

とても複雑な仕組みですが、要するに船主は自分の船を税金、法規、労働組合などに関していろいろと制約がある日本籍船にしないで、形のうえで外国籍船として、これらの制約と関係なく必要な船員を自社には雇わず、派遣会社を利用して賃金の安い外国人を乗り組ませて運航できるようにしたうえで、運航会社に貸し出して借料を稼ぐわけです。一方、運航会社は日本船を運航するよりもはるかに安いコストで運賃収入を上げることができるわけです。

多くの途上国の新興海運産業の追い上げもあって、激化した国際競争への対応から生まれてきた仕組みとはいえ、こうした混乗船に勤務する船員は増える一方です。

なお、二〇一〇年には、日本の大手海運会社が運航する一六万トンのタンカーがペルシャ湾入口のホルムズ海峡で被弾したことが報道されました。新聞によれば、このタンカーはマーシャル諸島籍で、船長を含むインド人一五名とフィリピン人一六名、計三一名が乗り組んでいたとのことですから、この船もまさに混乗船です。商船の船員たちは、このように労働力の国際化の波を受けながら、ときに緊張する国際情勢の影響をまともに受けています。しかしそんな中で、人命、貨物、船体の安全を維持することにできるだけの努力を日夜続けています。

なお、混乗船や外国人船員が増加する背景や実態については、ずいぶん前ですが私の書いたもの[5][6]がありますので、関心のある方はそれをお読みください。

（1）大橋信夫「西ドイツのコンテナー船で出会った人々――乗船調査ノートから〈その3〉」『労働の科学』第三五巻第四号、一九八〇年、五二～五七頁
（2）大橋信夫「片手は船のため、片手は自分のために」『人間工学』第二四巻第六号、一九八八年、三七三～三七四頁
（3）Weidenfeld & Nicolson：Ships and Seamen, London, p.158, C. Lloyd, 1961
（4）林忠男「海洋立国日本と日本人船員問題について」海洋政策研究財団、第69回 海洋フォーラム講演要旨、二〇一〇年
（5）大橋信夫「労働力の国際移動と職場における文化摩擦」『労働科学』第六三巻第六号、一九八七年、二七九～二九八頁
（6）大橋信夫「船員労働力の国際化をめぐって」『労働の科学』第四四巻第三号、一九八九年、三一～三四頁

第6章

混乗船の生活

異文化をもつ人が同じ船に乗り組む混乗船では、当然、異文化接触に伴う摩擦や葛藤があるはずです。私は、日本人とフィリピン人との混乗である雑貨船でリベリア船籍のVB号で日本からギリシャまでの一ヵ月間、同じく日本人とフィリピン人との混乗であるコンテナー船でパナマ船籍のAL号がアジア地域を回っている間の一三日間、また日本人と韓国人との混乗であるリベリア船籍のコンテナー船BB号がアジア地域を回っている間の一八日間、同じく日本人と韓国人との混乗であるパナマ船籍のSL号が日本の港を回っている間の一二日間、それぞれ乗船して、その労働と生活について観察しました。

一般に異文化接触は大なり小なり何らかの摩擦を生み出すものです。なかには笑って済ませられるものもあれば、深刻な対立になることもあります。日本の産業が海外に進出した初期のころには、アジアでもアメリカでもいろいろあったことはよく知られていることです。でもそれが船で、ということになると問題はよりいっそう複雑です。というのも船では、乗組員はそれぞれの地域や社会、家庭から隔離された状態で、閉鎖的な空間の中で、長期間にわたって文字どおり寝食をともにしつつ労働をせざるを得ないわけですから、労働と生活とは互いに複雑に影響し合っています[1]。したがって、日本人だけで組織されている場合でも、表面に出てくるかどうかは別としていろいろな問題が起きます。

そうした職場である乗組員組織が混乗という異なる文化をもつ民族によって構成されるようになると、船内の文化的状況はとても複雑なものとなりました。そうして日常的な労働と生活との両方の場面で、文化摩擦や葛藤の問題など異文化接触に伴うさまざまな問題が生じました[2]。

最初の節では、食事の問題を取り上げます。

1 食文化をめぐって

生活面では、まず食事の問題がいろいろと起きました。私が乗船調査した中でも、たとえばこんなことがありました。

日本人と韓国人が乗船して、日本から北米に鋼材を運んでいた鋼材運搬船のSL号（パナマ籍、一万七〇〇〇総トン）での話です。日本人は船長、機関長、一等航海士、一等機関士、二等航海士の五名で、あとは一八名の韓国人が職員や部員として乗り組んでいました。

韓国人の司厨長のS・Dさんは、日本人には毎朝、目玉焼き、豆腐と玉ねぎの味噌汁、焼き海苔を出していました。「前の二人がクビになったあとなので、ずいぶんと気を使います。でも自分は日本料理を知らないし、といって勉強のために食べに行こうにも高くてとても行けないし……」と悩みを語っていました。S・Dさんは写真を見ただけで、にぎり寿司をつくったことがありました。でも、日本人はマグロの刺身が載ったおにぎりと思ったのでした。大きさも知らなかったし、もちろん酢も効いていなかったのです。でも、そんなS・Dさんの心意気を買って、日本人の一等航海士K・Mさんが次の寄港地の神戸でS・Dさんと一緒に上陸して、三宮のガード下でたっぷりとお寿司をご馳走したということでした(3)。現在のように世界のあちらこちらでお寿司が健康食として食べられる以前の話です。

S・Dさんは、日本人用と韓国人用とで味付けを変えたり、はじめから二種類の食事を用意するようにしていましたが、日本人用のものは材料費が高いことが苦労の種でした。たとえば、アジの干物一匹に大根おろしを添え、あとは昆布の佃煮だけの夕食には、日本人が淋しい思いをすることを知っているからです。日本人の船長のY・Mさんは、コックのP・Gさんが漬けるキムチについて、「あんな辛いもん、食えんですよ」と言って、「水で洗って美味しいところを全部捨てて、かすだけ食うんですよ。そうじゃなければこのうまくないやつでしょ。やりきれんですよ」と、キムチにする前の塩漬けの白菜を指しながら嘆いていました。

1 白菜の塩漬けを取り出すコックのP・Gさん。この後キムチのたれを丁寧に塗り込む

次はフィリピン人との混乗船、VB号(リベリア籍、雑貨船、一万三〇〇〇総トン)での話です。

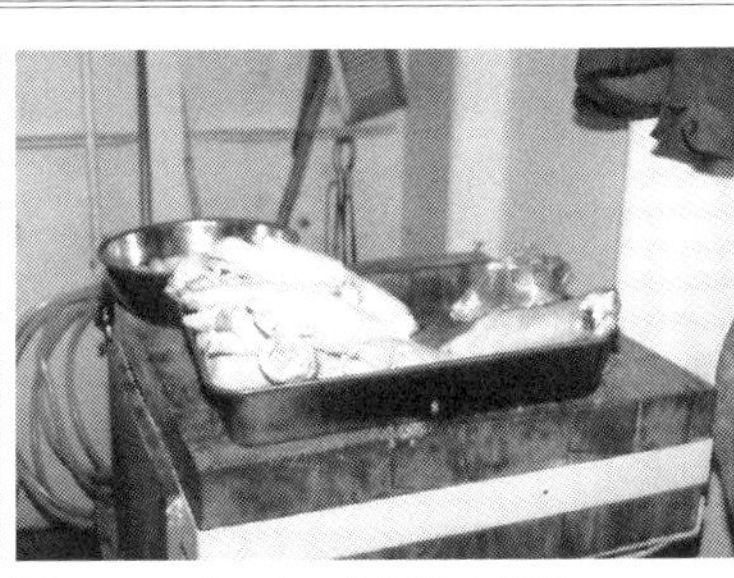
②フィリピン人の大好物の豚足

③大好物の豚足にご機嫌なフィリピン人

この船も、第2章で紹介したI丸と同じように日本と地中海諸港を結んでいて、私は海上労働科学研究所の同僚の服部昭さん（のちに八戸大学教授・副学長）と門司からギリシャのピレウスまで乗船しました。船長、機関長、通信長、Junior Officer（日本船での職名は甲板長）、Electrician（同、操機長）、Junior Purser（同、司厨長）の六名が日本人で、あとは二四名のフィリピン人が職員や部員として乗り組んでいました。

フィリピン人はそもそもあまり生野菜を食べないので、司厨手がフィリピン人のその船でも生野菜は食卓にのぼることがなく、日本人にとってはいささか不満状態が続きました。私たちが乗っていないときのことですが、ある日のお昼に、サロン（職員の食堂）に入りながら食卓を見ると赤いトマトが盛られているのに気づき、「おぉ、珍しいなぁ」と思って椅子に座っていざよく見てみると、なんとそれは鶏冠（トサカ）だったそうです。そのときの日本人の顔と気持ちを想像してみてください。

VB号の船長のM・Kさんは、「フィリピン人がつくるエビフライはコレステロールが衣を着ている」と言いました。衛生状態が日本ほどよくないフィリピンでは、からっと揚げるのではなく、しっかりと

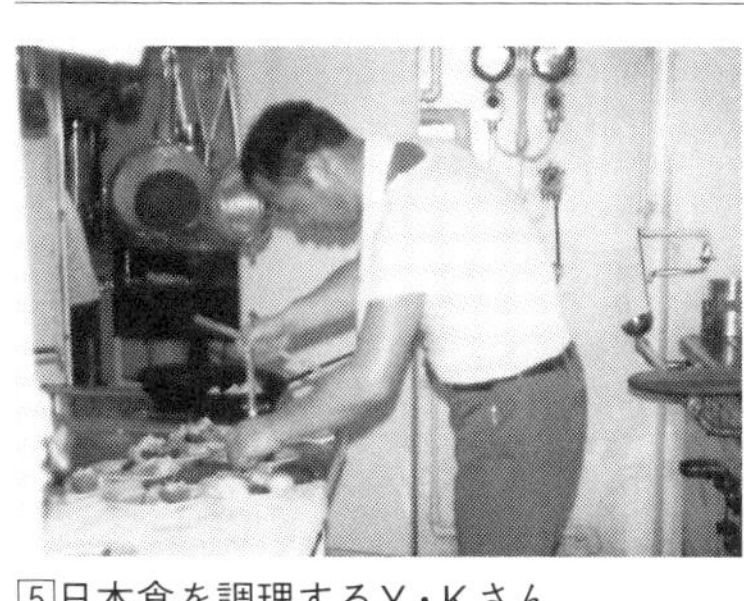

5日本食を調理するY・Kさん

4豚足にいささか憮然としている日本人

揚げるのが普通なのでしょう。でも、船長にしてみれば海老の味がまったく感じられないのです。試しに私もマニラのレストランで食べてみましたが、船長の表現の的確さに感心しました。もっとも、そもそもメニューにはDeep fried shrimpsと書いてありましたが。

「ご馳走とは何か?」、これも難しい問題です。VB号ではこの難問をこんな経過で解決していました。これは直接観察したことです。

台湾のキールン港着岸中の夕食のメインは、フィリピン人にとってご馳走である豚足でした。

フィリピンの近くに来ていることを配慮したフィリピン人の司厨手R・Sさんの心遣いで、フィリピン人は大喜びです。

でも、日本人はいささか憮然とした顔で食べています。

しばらくたって、R・Sさんがまた豚足をメニューに予定していることを知った上司である日本人のY・Kさんは、R・Sさんにこう話しかけます、「Filippine, pig leg happy. Japanese, sashimi happy. Same, same. OK?」と。R・Sさんは「Yes, OK, Sir.」と答えていました。Y・Kさんはこんなふうにして、いらぬ波風が立たないようにしたのです。そしてこの日は自分で調理しました。Y・Kさんのこの船での職名はJunior Purserで、訳せば事務長心得とでもなるので

⑥Y・Kさんが日本人用に調理した和食

⑦久しぶりの和食にご機嫌な日本人

しょうが、実は長いこと司厨長として日本船で働いてきた方ですから、料理はお手のものです。

そうしてできあがったのが写真⑥です。

それを食べると写真⑦のような笑顔になります。

結局、豚足と刺身の違いはありますが、ご馳走という点では、Y・Kさんが言うとおり二つは同じなのです。日本人もフィリピン人も同じ食事をすることになっていても、ときにはこんな工夫も大事です。「違うものだけど同じもの」ですから「同じ食事をする」という原則は守られています。こういう対処の仕方が、異文化接触に伴う摩擦や葛藤を予防したり緩和したりするのです。

2 言葉をめぐって

混乗船で乗船調査をしていると、やはり言葉の問題があることに気づきます。

フィリピン人との混乗では

フィリピン人は英語を話します。川一つ越えると言葉が違うともいわれるフィリピンでは、主要言語だけでも八つ、細かく数えると七二もの言語があるともいわれ、タガログ語と英語を共通語としています。でも、タガログ語はルソン島のタガログ族の言語ですから、実際にはこれを歓迎しない人たちも少なくありません。そこで、このタガログ語をフィリピノ語と呼ぶとともに、小学校の五年生から算数も理科もみんな英語で教育して、英語を実際上の共通語としているのです。[4] もっとも、フィリピンで大学などを訪れると「今日の下手な英語が明日の上手な英語につながる（Bad English today makes good English tomorrow.）」などと書いた標語が校舎の入口に掲げられていたり、「高い教育を受けた人ほどきれいな英語を話す（The higher education, the better English.）」などという言い方もあったりするようです。ちなみに、大学のカリキュラムを集めてよく見てみると、日本では「語学」とか「外国語」と分類されている科目が「コミュニケーション・スキル」と分類されていました。こんなところにも、フィリピンでは誰もが英語を使う理由があるのでしょう。

一方、日本人の船長や航海士は仕事柄、若いころから海外の港で経験を積んでいますから、ほとんどの方が流暢に英語を話します。荷役を受け持っている甲板長もそうです。でも、仕事柄あまり外国人とやりとりをする必要がない機関士や機関部員、司厨部員は、みんながみんな流暢に英語を話せるわけではありません。でも前節で紹介したY・Kさんのように、たとえ流暢でなくても、とにかく「Same, same.」と話そうとすることが大切なのです。日本人のY・Kさんとフィリピン人のR・Sさんとのやりとりをそばで聞いていて、Y・Kさんが何を言っているのか私にはわからないことがときどきありました。でもR・Sさんにはわかるのです。

Y・Kさんのなんとしてでも伝えたいという気持ちと、R・Sさんのなんとか理解したいという気持ちが働くからでしょう。

また、主機関やその他の機器の具合が悪くなって、「さぁどうする」というときに、日本人の機関長とフィリピン人の機関士との相談もおおむねスムースに進みます。それは、それぞれ専門的・技術的知識で共有できているものがあるからです。

こんなふうに英語を使えるフィリピン人との混乗船では、仕事をするうえでは言語はそう大きな問題ではないようですが、ときにはこんなことも起きます。

日本人のY・Kさんがあるとき、ビスケットの入った石油缶をフィリピン人のコックのR・Sさんに「ヘェイ、スナック！」と言って渡しました。二、三日してフィリピン人から、「コーヒーブレイクに食べる甘いもの（おやつ）がない」という不満が、R・Sさんを通してY・Kさんに寄せられました。Y・Kさんは「この間、渡したじゃないか」とR・Sさんに身振りで示しましたが、R・Sさんは不審な様子で首を振るばかりです。原因は「スナック」という言葉でした。

「スナック（snack）」には「山分けする」という意味があり、「ヘェイ、スナック！」と渡されたときに、みんなで分けてそれぞれが自分の部屋に持って行ってしまったのです。Y・Kさんが「おやつだよ」というつもりで使った「スナック」という言葉が、そういうふうに受け止められた結果でした。「スナック」のあとに、Y・Kさんが「コーヒータイム」とでも一言付け加えておけばよかったのかもしれません。でもY・Kさんからすれば、日本船では分けて自分の部屋に持って行くなんてことはあり得ないことです。結局、双方でよく話したら原因がわかり、特別にもう一缶渡して笑って終わりになりました。その後しばらくは、船橋でも機関室でも、お茶の時間に「特別配給ビスケット！（Our special bonus biscuits!）」などと、笑いながら楽しんでいました。言葉はときとしてこんな状況も生み出します。でも、日本人が廊下ですれ違ったフィリピン人に英語で「Good か？」と声をかけると、「ダイジョーブ！」とにっこり笑って日本語で答えるような面白い風景も見られます。

韓国人との混乗では

韓国人との混乗となると、言葉はフィリピン人との混乗よりも複雑で深刻になることも珍しくないようです。双方とも英語が得意な人ばかりではないし、韓国語を話す日本人も少ないためか、なぜか当然のように日本語が使われます。韓国人の中には流暢とまではいかないとしても、かなり上手な日本語を話し、通訳のような役割を果たす人もいます。どうも乗組員を編成するときに韓国の乗組員派遣会社（通称マンニング会社。第5章4節で紹介しました）がそういう配慮をしているようです。でも、韓国人の誰もが日本語を話すわけではありませんから、程度の差はあるものの、双方とも不自由を日常的に感じることになります。

ＢＢ号ではこんな話を聞きました。この船は極東と北米の九港を四二日間で一回りするコンテナー船（リベリア籍、三万五〇〇〇総トン）で、日本人は船長、機関長、一等航海士、一等機関士、二等機関士の五名で、あとは一八名の韓国人が職員や部員として乗り組んでいました。

8韓国人の三等航海士のG・Jさん（左）と三等機関士のT・Jさん（右）

機関士の中でただ一人の韓国人である三等機関士のT・Jさんは、乗船調査中に私の部屋に来ていろいろな話をする中で、ひょいとこんなことを口にしました。「韓国海洋大学を卒業したばかりで日本人との混乗船に乗船したときは、日本語がまったくわかりませんでした。ですから日本人の機関長に怒鳴られても、私にできたことはスマイルだけでしたよ（I could only smile.）」と。

写真8にT・Jさんと一緒に写っているG・Jさんは、T・Jさんと同じ韓国海洋大学を卒業した三等航海士ですが、彼は「私も同じでした。日本語がわからないので英語で聞くと強い目で睨まれました。それでもなんとか説明してはもらえましたが」と添えました。

私が調査をしていたころは、釜山（プサン）にある韓国海洋大学は、韓国の東大とも呼ばれるソウル大学と並んで入学が非常に難しいことで有名でした。一九四五年の創立以来、韓国の大学の中でもっとも多くの博士を輩出していると、私が一九八六年に訪れたときに学部長のL・K教授からうかがいました(5)。ですから写真の二人は韓国人船員の中でもエリートです。しかも、韓国海洋大学は国際的に活躍できる学生の輩出を基本方針の一つとしているために、卒業生はかなりの英語を話します。そんな彼らとしては、日本語はわからないし、英語は歓迎されないし、ということで苦労をしたのでした。でも、英語も話さない多くの韓国人はもっと苦労し、いやな思いもしているようです。

それもあってか、日本語を話せるように個人的に努力している人が多く見られました。三等航海士のG・Jさんは流暢な日本語を話しますが、聞くと大学を卒業して初めて日本人との混乗船で一年六ヵ月過ごし、その間に日本語を覚えたということでした。最初の三ヵ月は一日に三時間くらいしか寝なかったそうです。必死に日本語を学んでいたからです。

先に紹介したSL号でも機関制御室に日本語の会話を学ぶ本が置いてあって、当直中の余裕があるときに勉強していました。

若い操機手のK・Tさんに聞いてみると、「日本語ができたほうが勤め口を見つけやすいことが最近わかってきたので、勉強する人が増えています。船だけではなく陸上でも（海運産業だけではなく陸上の産業でも）日本語を学ぶ若者が増えています。大学でも日本語を教えるところが増えていて、そうした大学はけっこう入学が難しいようです」という答えでした。確かにソウルでも釜山でも、本屋をのぞくといろいろな日本語の会話の本が並んでいました。

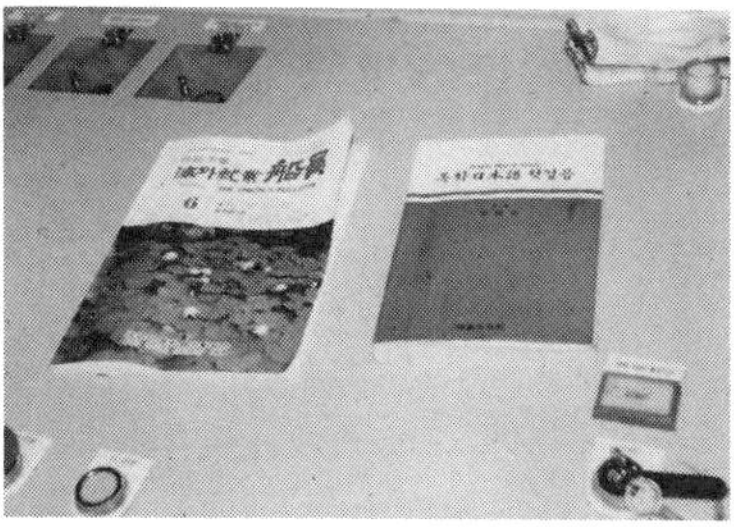

9 機関制御室にあった日本語会話の本

言葉はやはり、このようにさまざまな問題を生み出す可能性を含んでいるようです。当然といえば当然です。海上労働の特徴の一つとして、船では航海中は何が起きても自分たちで解決しなければならないという「自己完結性」が求められていること、また閉鎖的な空間の中で長期間にわたって文字どおり寝食をともにしつつ労働をせざるを得ない乗組員の労働と生活は、第2章から第4章にかけて紹介したとおりです。人命、貨物、船体の安全を維持し、混乗で異文化をもつ乗組員が互いに「うまく」やっていくには、やはり異なる言葉のもつ壁を上手に回避しようとする努力、乗り越えようとする努力が、どちらにもまずは大切のようです。

3 言葉によらないコミュニケーションをめぐって

異文化が接触することに伴って、日常生活にはいろいろなところに疑問、誤解、不信のもとになりかねないことが生じます。でも、その中にはコミュニケーションで解決できることも少なくありません。前節で紹介した「Filippine, pig leg happy. Japanese, sashimi happy. Same, same. OK?」と、部下でもあるフィリピン人コックのR・Sさんに相談したうえで、安心してお刺身の日本食を楽しんだ日本人のY・Kさんのコミュニケーションがよい例です。

そして、言葉によらないコミュニケーションも、実はとっても大切です。その一つとして体重測定の例を紹介します。

日本と地中海を結ぶフィリピン人との混乗船VB号（リベリア籍、雑貨船、一万三〇〇〇総トン、日本人が六名で、あとは二四名のフィリピン人）でのことです。

VB号では毎月一度、航海中の日曜日に体重と身長の測定をします。これは日本船でもよくやることですが、それをする意味あいは、この船の場合、若干深刻です。

船長のM・Kさんの説明によれば、フィリピン人は乗船してきたときには痩せている人が多いのだそうです。ところが船で生活を始めるとグングン太りだすのです。それは食事に関係があります。それまで日常的に充分な食事を摂れなかった人たちが、乗船すると充分に食べられることになります。しかも大好きなお米のご飯を好きなだけ食べられるとなれば、それ以前の反動もあって、一日三回の食事のときはもちろん、休憩時間にも夜食にもお米のご飯を食べるのです。実際、私もあちらこちらの机の引出しや本棚の上などに、お米のご飯やゆで卵等々がしまってあるのを見て、びっくりするとともに、フィリピン人の日常の食事内容の貧しさがある程度想像できました。それに、第二次大戦直後の焼け野原にいた私自身が始終お腹をすかせ、次にいつ食べられるかわからないという不安をいつも抱いていたことを思い出せば、必ずやってくる次の食事で再び充分食べられることがわかっていても、なお一回に多く食べ、しかもこっそりストックまでするフィリピン人の行動は充分に理解できることでした。

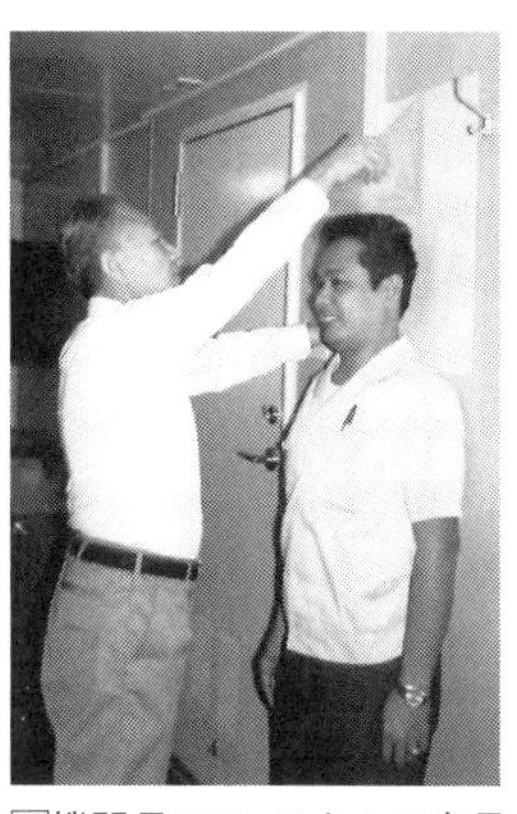

⑩機関長のT・Hさんに身長を測定してもらう一等航海士のA・Mさん（左）と体重計に乗るやや太り気味の二等航海士C・Gさん（右）（いずれも台湾のキールン港沖で岸壁が空くのを待つ仮泊中に）

　船長のM・Kさんは、「米くらいいくら食べても差し支えないんですが、その結果、急激に太ったりすると病気も心配だし、また行動が鈍くなって怪我でもされては困ります。しかし、食べるなと言うだけではケチしていると思われて効果がないでしょう。そこで自覚を促す意味で、前の航海から始めたものです。効果も上がっているようです」と話していました。なお測定・記録・資料の保管は、衛生管理者でもある日本人の機関長のT・Hさんが受け持っていました。

こうした、言葉に頼らずに、ちょっとした工夫で自然に食べる量を加減するように仕向けるようなやり方、つまり文化が異なっている人にも納得しやすいやり方を工夫することが、スマートな方法といえるでしょう。このように、言葉によらないコミュニケーションも、とっても大切なのです。

最後に、深刻でしかも微笑ましい話を紹介しましょう。このVB号で甲板長（ボースン）の次の職位である船匠（ダイクさん。109頁で解説しましたが、この船ではCarpenterが正式な職名になっていました）のJ・Fさんが、奥さんの写真を見せてくれました。それも二枚。J・FさんがVB号に乗船する前と半年たってからのものです。ダイエット法の広告に使用前、使用後という写真がよくありますが、まさにそれです。仕送りが毎月きちんと届くので家族も充分に食べられるようになった証拠でした。ですからよくある広告とは逆で、痩せ細っていた奥さんが、半年後にはふっくらとした体型に変身していて、表情もとっても穏やかなものになっていました。

4 日常的な挨拶をめぐって

挨拶というものは日常生活の中でとても大切なものです。でも、異民族間だけではなく同じような文化をもつ民族の間でも、それは案外難しいものでもあります。

三〇年以上も前に、私がある大学に採用された直後のことです。同じ年度に採用された同僚の教授に廊下で初めて出会い、「おはようございます」と挨拶しますと、なんとその教授は「はい」と返事をしたのです。こんなのは私の文化では失礼にあたります。でもまぁ何か考え事でもしていて私が目には入らなかったのだろうと好意的に考えて、次に会ったときにも同じように挨拶をしますと、また「はい」です。次から挨拶をするのをやめようかなとも思いましたが、それはそれで気分が悪いものです。そこで作戦を立てました。そうして「おはようございます」の代わりに「お元気ですか？」と声をかけてみました。同じ「はい」が返ってきましたが、まぁこれならそれなりの流れができているわけで、多少の違和感はあるものの許容範囲と考えました。そうやってしばらく時間がたつうちに、彼は同じ日本人ではあるものの、挨拶に限らずいろいろな意味でサブカルチャーが異なる人だとわかり、違和感もなくなりました。

混乗船でも挨拶をめぐる問題が水面下にはあります。たとえば本章の1節で紹介した韓国人と日本人の混乗船BB号でこんなことがありました。

私が乗船して調査を始めて一〇日ほどたったある日、韓国人の甲板長のC・Jさんが私の部屋に来て、「日本人はどうして私たちに挨拶をしないのですか？　私たちを**や**・**は**・**り**馬鹿にしているのでしょうか？」と言うのです。よく聞いてみると、私も実は少々気になっていたことでした。

それは食堂に出入りするときのことです。韓国人は日本語が得意ではない人も日本語で、たとえば朝食のときなら「おはようございます」と挨拶しながら入ってきて、出るときは「失礼します」と言って出ていきます。お昼なら「こんにちは」、夕食なら「こんばんは」です。ところが、それに対して食堂にいる日本人がはっきりと挨拶を返さないので、「いいのかな?」と思っていました。このことをC・Jさんが気にしているのです。でも、これは混乗ではなく日本人だけの場合にもよくあることで、サロン(職員の食堂)やメスルーム(部員の食堂)の出入りに際して、あまり韓国人のように丁寧にはっきりとは挨拶をしないことが少なくないのです。たまに元気な大きな声で挨拶をしながら出入りする人もいますが、そんなときでも聞こえるか聞こえないくらいかの小さい声で返事をしたり、ちょっと姿勢を変えたりするくらいなものです。とくにお昼や夕方には、テーブルにつくときに軽く会釈する程度が多いようです。でも、そんな日本人のふだんの様子をよく知らない韓国人からすれば、「なんで挨拶を返さないんだ」となるのでしょう。

この挨拶についてはフィリピン人も最初は戸惑うようです。なにしろ朝から三回会った人とでも握手したい人たちですから。でも、日本人に慣れたフィリピン人は、日本人のように上手に会釈したり、表情は変えずにちょこっと首を前に倒したりします。英語で「Good か?」と聞く日本人に、「ダイジョーブ!」と日本語で答える愉快な風景があることは2節でも紹介しましたが、そこまで慣れるには双方にかなりの経験が必要なようです。

私自身はこんな経験もあります。まだ海上労働科学研究所にいたころのある日、韓国の海運会社の社長のC・Pさんが研究室においでになって、混乗問題を中心に二時間ほどお話をしました。C・Pさんはお帰りになるときに、「大橋先生、将来韓国内で何か調査をなさるようなことがありましたら、事前に私に連絡してください。私にできるだけのご協力をしますから」と嬉しいことを口にしてくださいました。でも、続いた次の言葉にはびっくりしました。「私はもう日本に来て二週間になります。大勢の日本の方にお目にかかり大変勉強になりました。でも大橋先生、先生は私と初めて顔を合わせたときに、英語で挨拶をしてくださったただ一人の方です。みんなは日本語でした。ですからものすごく嬉しかったです。そんな先生には私ができることは何でもしたいです」とおっしゃったのです。私はよく訳がわからなかったのでさらにおうかがいすると、「私が日本語を知っていて当然とみなさん思っていらっしゃいました」とのことでした。C・Pさんにしてみれば〝アメリカやヨーロッパの人に初めて会ったときにも日本語で挨拶するの？〟という思いがあったのでしょう。私との会話でも、しばらく話をして私の英語が下手なことに気づき、「大橋先生、私は少し日本語ができますから、日本語でお話ししましょう」と優しい心遣いをしてくださいました。実際にC・Pさんは流暢な日本語を話し、筆も立つ方で、いただいた手紙にお返事を差し上げるときには私の悪筆を嘆いたものでした。

その後、思いがけなく韓国内で調査をすることになったとき、C・Pさんに甘えて私の調査目的をご連絡したところ、実に素晴らしい手配をしてくださり、そのおかげで短い間に私が期待していた以上の成果を挙げることができました。韓国に行ってわかったことは、なんとC・Pさんは時の大統領にも影響力をもつ方だったのです。そんな韓国社会の指導者が日本滞在中にどんな体験したのか心配になりました。

挨拶、それはなんでもないことです。日常のちょっとしたことです。でも、日本人だけで生活している場合にはとりわけ問題にならないようなちょっとしたことでも、異文化と共存する場合には、その日常のちょっとしたことが大切なことを教わりました。

5 歴史をめぐって

日常のちょっとしたこととして挨拶について書きましたが、実は、BB号で私に日本人の挨拶について質問をしてきた韓国人の甲板長のC・Jさんの言葉には、日常のちょっとしたことではないことが含まれています。それは傍点をふっておいた彼の言葉にある「やはり……」という部分です。これは日本と朝鮮半島との歴史的関係を反映した重い言葉です。C・Jさんは一九三五年生まれですから、一〇歳までを日本の統治下で過ごしたのでした。朝鮮半島出身であるという理由だけで差別的に扱われた過去のことを自分でも覚えているでしょうし、そうした歴史は若い人にも伝えられていることです。それが「やはり」の意味するところなのです。混乗でもっとも難しい点はここにあるともいえます。日本人からすれば「なんでもない」あるいは「とくに意味のない」しぐさや言葉であっても、混乗の相手からすれば「特別な意味」をもっているように感じられることがあるのです。

前節で紹介した、初対面のC・Pさんに日本語で挨拶した日本人は、C・Pさんの年齢から日本語ができると考えたのかもしれません。でも、C・Pさんたちが日本語を話せるようになるためにどんな思いをしたかを考えたいものです。ある国際学会のパーティーで韓国から参加したやはり年配のある教授が、料理をお皿に取り分ける際に後ろに並ぶ日本人にちょこっと日本語を使いました。そのときその日本人が、「日本語、お上手ですね。どこで覚えられたのですか?」と(無邪気に)問いかけました。韓国人の教授は顔をそむけ、無言でその日本人から離れていきました。一部始終を見ていた私が、その日本人に日韓の歴史を簡単に説明したところ、その人はびっくりしていました。

日本人との混乗船で働いたことがあるH・Jさんを、釜山のお宅に訪れてゆっくりとお話をうかがったことがあります。立派な家で、オンドルが効いている部屋には古い伝統家具が置かれていました。

お邪魔して三時間ほどたってずいぶんと打ち解けたあとに、H・Jさんはこんな言葉を静かに口になさいました。「船では、私たちは昔のことにはなるべくふれないようにしています。でも何かのきっかけから三六年間のことに関係する話題が船で出ることもあります。でも話題になったことが三六年間のことに関係していることすら理解していない船長さんを見たりすると、それまでどれほど尊敬していた方でも、あぁ、この人はそれだけの人だったのか、と非常に失望します。そもそも私たちが〝三六年間のこと〟というように婉曲に(日本の統

11 H・Jさんご夫妻。釜山のご自宅で

治時代のことを）表現しても、〝三六年間のことって？〟と聞き返すような、なんにも知らない日本人もいるのですよ」。H・Jさんの言葉にはまだ続きがあるのですが、それはあとで紹介します。

近現代史に関係のある事柄については、韓国人も実はいろいろと気を遣っているのですが、その気遣いに気がつかない日本人がいると、相当に傷つくことはH・Jさんの話からもよくわかります。

フィリピン人の場合でも近現代史の影響があることは同じです。実際に、私もこんな経験をしたことがあります。フィリピンの人たちが混乗船で日本人と一緒に一生懸命に働いて、自分はできるだけ節約してせっせと送金した一ドル、五ドル、一〇ドルが家族にとってもつ意味などを知りたくて、現地を訪れて歩き回っていたときのことです。

⑫玄関前でお米の中の小石をよける82歳のおばあさん

二五歳の機関員のA・Bさんに連れられて、マニラの彼の家を訪れました。玄関では彼の祖母がお米の中の小石を拾っていました。

写真⑫では穏やかな優しい表情を見せていますが、最初にお会いしたときは、実は私の挨拶にも応えず、すごく硬く厳しい表情を見せながら私をじっと見つめるのでした。何分だったか、何十秒だったのか定かではありませんが、相当に長く感じる時間だったと記憶しています。しばらくすると、ふっと表情をゆるめて口にした言葉は、「あんたはいい人のようだ。さぁ、どうぞお入りください」でした。

あとでA・Bさんから聞いた話や八二歳という年齢を考えると、日本がフィリピンを占領していた時代には、目の前にいる日本人が危険かそうでないかを見分けることが必要だったのでしょう。あらかじめ訪問することを知らされていて、しかも自分の孫と談笑しながらやってきた日本人でも、フリーパスにはしないのです。幸いに危険な人物ではないと判断してくださり、写真にあるような表情となり、握手をして、夕食のご馳走にも腕をふるってくださいました。

ある年代のフィリピン人にとって、日本人はやはりこういう存在なのです。しかもそうしたことは自分の内にだけしまいこまれているのではなく、若い世代にもちゃんと語り継がれているのです。

ですから混乗船で、ちょっと仕事をしくじった若いフィリピン人に、日本人が「お前、バカだなぁ」と苦笑いしながら言うと、「ええ、バカですよね（Yes, I am Baka, Sir.）」と、陽気なフィリピン人のことですから笑って返します。でも二四歳の若いフィリピン人の甲板員のE・Mさんから、「私たちは、戦争中に日本人がしたことを忘れているわけではありません。ただ許しているだけです（We do not forget it, but we only forgive it.）。それなのに自分たちが何をしたのかすら知らない日本人がいます。そんな人からバカよばわりされたりすれば、私はおじいさんの背中に残る当時の日本兵によってつけられた大きな傷跡をすぐに思い出します」と聞かされたことがあります[2]。

アジアの人にとって「Oi!」「Kora!」「Baka!」は特別な意味をもつ言葉です。これらの「日本人にとってなんでもない」言葉でも、アジアの人と一緒にいるときは禁句だと私は考えています。

そういう言葉はほかにもあります。たとえば、長い航海の末に日本に向けて走っているときに「あと三日で内地だねぇ」なんていう、日本人にとってはなんでもない言葉でも、かつて朝鮮半島で働く日本人が「内地とここは違うから」と言っていろいろとやった不愉快な思い出が韓国人の頭をよぎるきっかけとなるのです。

韓国人のH・Jさんが〝三六年間〟と婉曲に表現するような配慮は、フィリピン人にもあります。たとえば、マニラ出身の二四歳の甲板員F・Mさんが自国の歴史を話してくれていたときのことです。「イギリスの占領（English conquest）、スペインの占領（Spanish conquest）、アメリカの占領（American conquest）、そうして」ときますので、聞いている私は「あぁ次は日本の占領（Japanese conquest）ってくるんだ」と一瞬思いましたが、彼はそうは言わずに、「日本の時代（Japanese age）」と表現しました。こういう配慮にはっと気づき、頭が下がることがよくあります。

韓国人のH・Jさんは〝三六年間のこと〟のほかにこんな話もしてくれました。「日本人は経済的にも技術的にも世界で一流になったのですから、人間としても一流になってほしいです。そうすれば私たちは、日本人のことをお兄さんと思い、お兄さんのようになりたいともっと頑張ることができます」。こう静かに穏やかに語りました。H・Jさんの隣に座っている奥さんはそれを聞きながら、何度も何度もうなずいていました。

この言葉を聞いてからもう三〇年以上になりますが、H・Jさんのそのときの声も表情も今なお鮮明に覚えています。またそのとき、私は「お前はどうだ?」と問われているような気がして、調査者としての立場を一瞬忘れそうになったことも覚えています。H・Jさんはふだんどんなことを考えながら日本人の下で働いていたのでしょう。一流とは思えない異民族の下で、経済的に弱い立場にあるがゆえに、心の内にどんな感情があろうとそれを抑えて日々働かなければならないとき、人はどんな思いになるのでしょうか。この話を私にしているとき、H・Jさんは目の前にいる日本人の私をどういうふうにとらえていたのでしょう。この言葉は私にとって非常に大きなショックでした。その後いろいろな学会でも、またいろいろな大学の教室でもこの話を紹介しました。

混乗船で一緒に働き生活するアジアの人々は、日本人の立ち振る舞いに何か違和感なり、あるいは不快感を抱いたからといって、すぐにそれを顔に出したり言葉にしたりは決してしません。職を失うことにつながりかねないからです。そうであるからこそ、逆にそれぞれの内に少しずつ堆積していき、何かのはずみで堆積したものが表に出たときには、かなり深刻な状況が生まれるのです。アジアの人々の心の深いところには近現代史が息づいているからです。一方、そうした人々に日常的に接する日本人にとって、近現代史は心の問題どころか知識としても希薄な存在である場合は、双方のギャップはとても大きなものとなります。そうして、ときとしてこのギャップが一人ひとりの心の内にある堆積物を表に出させるのです。

混乗方式が導入された初期のころは、こういうことで双方がずいぶんと苦労をしました。そのころに比べれば、ギャップを小さくし、心の内に堆積するものがないようにし、仮にあっても表になるべく出てこないようにする工夫を双方がするようになっています。でもギャップそのものがなくなっているわけではありません。ですから心の内に堆積するものもなくなっているわけではないと私は考えています。

戦後、占領軍によって禁止されていた外航海運が復活し、アジア地域に配船するようになってからしばらくの間は、日本人船員にとって厳しい体験を迫られることが続きました。とりわけフィリピンの港では、官憲からはもちろんのこと、港湾労働者たちからも戦争中の仕返しとばかり、ずいぶんと酷い仕打ちを受け、情けない思いをしながらじっと我慢するしかなかったようです。その後は経済関係の変化などによって、そんな報復的ともいえるような行動を実際にとる人はいなくなりましたが、フィリピン人から過去の記憶がなくなったわけではありません。

6 船で出会ったフィリピン人船員のプロフィール

操機手のA・Bさん

ここでは、混乗船で働くアジアの人々はどういう人たちなのか、その実像を紹介します。

まずは二五歳の操機手A・Bさんの自己紹介です。玄関先で私をチェックした八二歳のおばあさんの孫です。

「私は一九五七年にマニラで生まれました。一九七七年にフィアテ大学（Fiate University）の船用機関士科の短期コースを卒業しました。実は高校を出たときに、二人の兄は大学（College）に行っていました。私は最初機械工学科に入学したのですが、ここを卒業してもよい職が得られるわけではないことがわかったので、短期の船用機関士科に移ったのです。これは大学より短いコース（日本の短大とほぼ同じ）です。二人の兄に加えて、自分も長い間大学に行くわけにもいかなかったからです。私は、六人の男と二人の女の計八人きょうだいの三番目で、まだ下が大勢いましたので。

高校の成績の平均が二・〇を超えていたので、奨学金をもらうことができて助かりました。そうでないと一ゼメスターに三〇〇ペソを払わないとなりません。

兄の一人がT・F社というマンニング会社（第5章4節で紹介しています）で三等航海士として働いています。その兄のことを見ていて、私も船員になっていい収入を得ようと思ったのです。家族のみんなも賛成してくれました。兄のコネのおかげで卒業してすぐ、二一歳になった一九七八年に日本人との混乗船に機関員として乗船したのが船員生活の始まりです。

一九八二年には、四等機関士の国家試験に合格して海技免状を手にしました。

初めて船に乗ったときは何もかもに興奮しました。最初の二日間は船酔いで悩まされましたが。でも、もっとつらかったのはホームシックでした。とくに結婚することになっている彼女もいましたので。お互いにたくさんの手紙をやりとりしました。入港するたびに手紙を探し回ったものですよ。

一年半で契約が終了して下船し、前からの予定どおりに結婚しました。すぐに子どもが生まれ、今は二歳になる子と八ヵ月の二人の女の子がいます。

彼女は（と脇に座る奥さんを見やりながら）一九七八年に高校の教師となり、今も続けて働いています。船員のワイフは働いているほうがよいと思います。寂しさをまぎらわせることができるでしょうから。

フィリピンでは教師の給料は安いのですが、それでも月に一〇〇〇ペソは稼ぎます。子どもは、一緒に暮らしている彼女の母親とメイドが面倒を見ています。メイドは三食付の住み込みで、月に一六〇ペソ（当時で四〇〇〇円弱）払っています。フィリピンでは最低生活費は月に一〇〇〇ペソくらいですが、うちでは二〇〇〇～二五〇〇ペソ、多いときには三〇〇〇ペソかかります。

今住んでいるこの家は、ワイフの祖母（写真⑫の女性です）が建てたものですが、家賃は払っていません。私たちのことがお気に入りなので、そうしてくれています。本当なら月に六〇〇ペソは払わないとならないのですがね。

隣の家のおじさんはインドネシアで、後ろの家に住む従兄弟はバグダッド、さらにその後ろの家の従兄弟はサウディ（アラビア）で働いています。みんな外国で働いています」

次はＡ・Ｂさんの奥さん、カルメンさんの話です。

「船員という職業はとってもよいと思います。なんといっても収入が多いですから。でも家族生活は相当にハードです。留守中に困ることがいろいろあるからですが、幸いに私の母が一緒に暮らしているので、相談にのってもらえるので助かっています。

将来、男の子が生まれて、その子が大きくなって船員になると言ったら賛成するでしょう。たとえ陸でよい仕事を見つけられる時代になっているとしても賛成すると思います」

部屋には、白黒テレビの普及が進む当時のフィリピンでは珍しいカラーテレビや、写真⑬からもわかるようにステレオコンポなどが並んでいました。

⑬ A・Bさん一家

あと三週間すると休暇が終わって乗船し、また一年以上離れて暮らすことが予定されていました。

なお、カルメンさんと一時厳しい表情を私に向けたおばあさんとでつくってくださった夕食のご馳走は、お腹の中にトマト、にんにく、人参などを詰めてバナナの葉で包んで蒸し焼きにした体長五〇センチほどのミルクフィッシュ、炒めたビーフン、ムール貝のスープ、それにご飯でした。

三等航海士のＲ・Ｎさん

もう一人紹介します。三等航海士のＲ・Ｎさんです。やはりマニラのご自宅でお会いしました。

R・Nさんは一九五六年生まれで、当時二六歳でした。高校卒業後、PMI（Philippine Maritime Institute という私立の商船学校）の航海科の二年間のコースを一九七五年に卒業して、まずは内航船に乗船したのだそうです。以下は彼の言葉です。

「内航船には甲板員として乗り始め、すぐに航海士の実習生になり六ヵ月ほど働きました。でも内航では、航法にしても何にしても面白くないので、会社に話をしたうえで、自分でマンニング会社をいくつも訪ねて、ようやくT・F社という日本（系の）船に派遣している会社に入ることができました。そうして一九七七年に、日本人との混乗船のVB号に甲板員として横浜で乗船しました。船長はタケウチさん、航海士補（Junior Deck Officer、乗組員が全員日本人の船での職名は甲板長）はナガノさんでした。ナガノさんはとっても親切で、何でも教えてくれました。ただ最初は、私は仕事がわからないし、そのうえナガノさんの英語がわからなくて困りました。そこで、一緒に働いているフィリピンの仲間に〝彼は何と言っているんだ？〟と小声で聞いたりもしました。でも、そのうちに仕事も覚えるし、彼の英語にも慣れて平気になりました。

最初はホームシックにかかって眠れなかったですね。一週間ほどはちゃんと眠れませんでした。でも、そんなときもナガノさんはとっても親切でした。船酔いにもかかりましたが、サウディアラビアのジェッダに着くころにはなんとか慣れました。そうして一年間乗船してマニラに帰ってきたときには本当に嬉しかったですね。飛行機が着陸したとたん、ベルト着用のサインがまだ点いているのに、ボーンと外しちゃったくらいでした。

この最初の一契約が終わってすぐに結婚しました。そう、一九七八年のことです。これは〝最初の一年間の乗船が無事に終わって帰ってきたら結婚しようね〟と約束していたからです。そうして四年たった今年の五月に男の子を授かりました。

子どもが生まれたときは乗船中で、まもなく一〇ヵ月の乗船契約が終わるころでした。でも子どものためのお金がほしいし、休暇を長く楽しみたかったので、頑張ってもう一航海延長して働いて、乗船期間を一年間にしてから帰ってきました。

今度乗ってまた一年間働いてから下船すれば、三等航海士として二年間の経験を積んだことになります。そうすると資格ができますから、二等航海士の国家試験を受けるつもりでいます。

私の家族ですか、私は男が五人、女が三人の八人兄弟の七番目です。父親は三五年間公務員として働き、もう退職しています。弟は大学で舶用機関士のコースで勉強しています。姉の一人はアメリカ合衆国で看護師をしています。

私が船員になろうとしたときには、みんなが賛成してくれました。船員を志望した理由は、そうですね、五つくらいあります。

1. 収入がよいことです。そもそもフィリピンでは陸上で仕事を見つけることが難しいし、仮に（仕事が）あっても収入がよくないのです。

2. 経費がかからないことです。食事は船で食べさせてくれるし、きれいな服を着る必要がないし、通勤費もかかりません。収入がよくて、経費がかからないのですから、陸上で働くことに比べると差は大きいのです。

3．自分の努力で昇進できることです。勉強し、経験を積み、国家試験に受かれば昇進できます。陸上ではこうはいきません。

4．1の理由とも関係しますが、大学の他の学部（海事教育を受けられない学部）を出ても、陸上ではせいぜいブルーカラーだからです。

5．外国にお金をかけずに行くことができることです。

PMMA（Philippine Merchant Marine Academy、マニラにある国立商船大学）を出れば、国もいろいろと働きかけをしますから、就職率は一〇〇％です。でも入学試験のレベルがとっても高く、私には無理でしたので、それほど難しくないPMIに行ったのです。同級生はおよそ四〇〇人でしたが、海に出られたのはほぼ半数でした。残りの人たちの中には、職を得やすいようにコースを変えて勉強し直す人もいました。海の仕事に空きが出るまで待っているより早い場合もあるからです。

⑭R・Nさん夫妻

私が機関科ではなく航海科を選んだのは、高校のときから理科系、とくにメカニカルなことに弱かったからです。

これからも船員という職業を続けていくつもりです。もちろん家族を養うためです。いずれ家を建てる予定で、もう三〇〇平方メートルの土地を買ってあります。マニラの中心から車で四五分くらいのところですので、マニラの三分の一ほどの三万ペソ（約七五万円）で買えました。陸上で勤めていたら私の年（当時二六歳）ではとてもこんなことはできません」

次は奥さんのカルメリタさんの話です。

「私の両親はラグナ（マニラから南に約三〇キロ）に住んでいるので、夫が乗船中にときどき遊びに行きます。（船員の妻として）一番困ることは、夫の留守中に家族や親戚の者がお金を借りによくやってくることです。一人ひとりはときどきでも、私にとってはしょっちゅうで、留守中に夫が期待しているようには貯金ができないことがあります。夫もなるべく親戚には親切にするようにと言い置いていくので、私もできるだけのことはしようとしています。でも、そうすると結果的に貯金があまり増えないのです。船員の収入がよいことをみんな知っていますからね」

カルメリタさんの悩みは多くの船員家族に共通しているようで、あちらこちらで同様の話を耳にしました。

一人に三〇〇人の「家族」がいるといわれ、しかもパキキサマ（pakikisama）と呼ばれる、いわゆる互助精神が大切にされるフィリピン社会です。「家族」から援助を求められれば知らん顔はできません。なかには、カルメリタさんと違って、夫の「家族」をないがしろにして自分の「家族」を大事にする奥さんもいて、そんな場合は夫の帰国後に深刻な状況が生まれることもあるようです。船員局の行政官のA・Pさんも「船員家族にはお金をめぐるトラブルが少なくないので、われわれとしても何かしないとならないんだが……」と口にしていたほどでした。日本では聞いたことがない話です。

Ｒ・Ｎさんの家は広く中国系のつくりで、訪問したときには、お父さんは中庭のイスで涼んでいました。両親とお兄さんの家族と一緒に大家族で暮らしていることは、中国系にはよくあることです。お兄さんも一緒にお昼ご飯を食べながら話をしようと、ご馳走をしてくださいました。メニューは、ゆでた海老、蒸した蟹、あさりのスープ、ココナッツミルクで煮た鶏、それにカルメリタさんが「デザートにゼラチンをどうぞ」と出してくださったマンゴーゼリーという大御馳走で、恐縮しながら美味しくいただきました。

なお、混乗船や外国人船員が増加する背景や実態については、私がずいぶん前に書いたもの[(2)(6)]がありますので、関心のある方はそれをお読みください。

7 船で出会った韓国人船員のプロフィール

ここでは、ＢＢ号の乗組員のうちから四人の韓国人船員のプロフィールを紹介します。「日本人はどうして私たちに挨拶をしないのですか？　私たちをやはり馬鹿にしているのでしょうか？」と口にした韓国人の甲板長のＣ・Ｊさん（本章４節で紹介しています）と一緒に乗っていた人たちです。

司厨長のC・Sさん

C・Sさんは調理・給食の責任者である五三歳の司厨長で、日本語が上手でした。「私は大阪で生まれ、小学校五年のとき戦争が終わって韓国に帰りました。今は釜山に住んでいます。家族は、同い年の妻、娘二人、息子二人です。長女は三〇歳で高校卒、すでに結婚していて五歳と三歳の男の子がいます。私にとっては可愛い孫です。

長男は二八歳で、釜山大学を卒業して、今は現代エンジン株式会社の開発室にいます。去年結婚しました。彼の奥さんは同じ釜山大学の文学部卒業で、今でも高校の国語科の教師をしています。

次女は二五歳、高校卒で会社に勤めています。次の次の航海が終わって私が下船したら結婚することになってます。夫となる人はソウルの東大門市場で商売をしています。

次男は二二歳で、釜山大学の貿易科の二年です。非常に優秀で奨学金もずっともらっています。日本語もよくできます。私は日本でいつも『関税と貿易』という雑誌を彼のために買っていきます。よく読んでいるようです。また彼は、コンピューターがよくできます。家にパソコンもあります。奨学金をもらってくれているので助かります。本当は、彼はソウル大学へ行きたかったのですが、そうなると下宿することになり、うちの経済では無理なので、釜山大学にしてもらいました。もうすぐこの子と妻との三人だけの生活になります。

私は四〇歳になってから船に乗りました。それまで釜山でレストランをやっていてかなりうまくいっていたのですが、別の事業を加えようとして失敗し、船に乗りました。韓国の船乗り

⑮海苔にごま油を塗る司厨長のC・Sさん

にはそんな人が多いです。

船の食事はやはり難しいです。お金が少ないですから。一日の食費がUSドルで四ドル五〇セントです。この円高ではなお苦しいです（当時一USドル＝一四五円）。だから日本では、日本でないと買えないものだけを少し買います。日本で五〇〇～六〇〇ドル、アメリカで三〇〇〇ドル、台湾で四〇〇ドル、韓国でも四〇〇ドルで、四二日間の一航海で約四五〇〇ドルです。一ヵ月にすれば三二〇〇ドルくらいでしょうか。アメリカにも形はやや小ぶりですが白菜はありますし、お米、肉、果物も安いです。二週間単位くらいでメニューを考えて、それを回していくという感じです。

唐辛子はもちろん釜山で買います。その年に最初に採れるものが一番の質です。それをハンムルといい、次のをトウムルといいます。料理に使うのは細かく挽いたもので、荒いのはキムチを漬けたりするのに使います。韓国の家庭では、干して束ねたものを買って、それを餅屋に持っていって挽いてもらって使います」

C・Sさんは、写真⑮にあるように、毎朝ギャレーで海苔にごま油を塗って炙り、香りの高い焼き海苔を朝食に出して韓国人船員を喜ばせていました。

釜山港に入港したときには岸壁の端で奥さんが待っていました。

甲板手のA・Cさん

次は三二歳の甲板手のA・Cさんです。伝統的着物と洋装の二枚のきれいな奥さんの写真が壁に貼ってある彼の部屋でうかがった内容です。なお、このとき韓国語ができなかった私と英語ができなかった彼との間に立って通訳をしてくれたのは、写真8に登場している日本語をよく話す三等航海士のG・Jさんです。

「両親は済州島出身ですが、私は釜山で生まれ育ちました。一九八六年の九月二七日に結婚しました。妻は二八歳で、江原道の出身です。現在、私の両親と一緒に釜山に住んでいます。両親は二人とも六二歳で元気です。きょうだいは三男二女の五人で、私は次男です。きょうだいはもうみんな結婚しています。ですから弟妹を援助する必要はありません。一九七五年に高校を出て、その年の一〇月に志願して海軍に入り、一九七六年一一月まで一年ほど甲板の一般水兵として勤務しました」

ここで、同席して通訳を務めてくれているG・Jさんが次のように補足してくれました。

「政府に叱られるかもしれませんんが、軍隊には行きたくないからみんないろいろの方法をとります。学校を出て一年もブラブラしていると陸軍から徴兵令状が来ます。だからそれが来ないうちに海軍を志願するのです。私の友だちは、ソウル大学の受験に失敗して浪人をしていました。そうして海軍を志願して、試験を全部間違えました。当然落第です。でもそれでまた一年は徴兵が延期されます。そうしておいて彼は勉強してソウル大学に入りました。ほかにも（方法は）いろいろあります」。

⑯当直中にレーダーの画面を磨く甲板手のA・Cさん

A・Cさんの話を続けます。

「商船に初めて乗ったのは一九七九年の二月です。インドネシアと日本を結んでいるジャパンライン（一九九九年に大阪商船三井船舶と合併した海運会社）の中型のタンカーに甲板員の見習いとして乗船しました。もちろんマンニング会社を通してです。全員韓国人の乗り組みでした。船員にとくになりたかったわけではないのですが、一年くらい働いたあと大学に行きたいという希望ももっていました。マンニング会社にとくにコネがあったわけではありません。

このタンカーに一年間乗り、その次は鉱油兼用船（鉱石と原油のどちらも輸送できる船）で、これにも一九八二年から一九八三年にかけて一年間乗りました。船長はイギリス人で、あとヨーロッパのオフィサーが何人かいました。ユーゴスラビアの人も一人いました。サロンクラス*は主にイギリス人で、普通船員は全員韓国人でした。

船長たちは三ヵ月くらいでくるくると交代していました。ホンコン人の船長に代わったこともありました。イギリス人の船長は奥さんを連れてきていて、その奥さんがボンド品（免税のタバコや酒類）の管理や衛生薬品の管理などをやっていました。また、イギリスの小学生が使う絵本などをテキストにして、毎日一時間、英語を教えてくれました。

韓国人の甲板長はイギリス人との混乗経験が長く、英語がよくできました。イギリス人の船長や一等航海士は、何かを命令するとき、英語で書いたメモを渡してくれました。ですから言葉で苦労することはなかったです。

昨日のようなパーティーもよくありました。本船よりずっとそういうことが多かったです。お酒は別に制限されていませんでした。ウイスキーでもブランデーでも自由でした。船長夫人に言えば買えたのです。

【サロンクラス】 乗組員が大勢いたころは、食堂がいくつもありました。職員と部員はもちろん別でしたし、職員用も二つありました。一つは、制服に金筋が三本以上ついている人たち、つまり船長、機関長、一等航海士、一等機関士、通信長、事務長、船医たちが食事するところですが、ここはサロンと呼ばれていたので、ここで食事をする人たちをサロンクラスと呼んだのです。もう一つは、金筋が二本以下の人たち、つまり二等航海士、二等機関士、二等通信士、三等航海士、三等機関士、三等通信士、事務員などが食事するところで、メスルームと呼ばれていました。ですから、この人たちはメスルームクラスとかメスクラスと呼ばれました。

乗組員が減少した今では、全職員は一つの部屋で食事することとなりましたが、そこをサロン、そうして部員のそれをメスルームと呼んでいます。でも金筋三本以上をサロンクラスという呼び方は今なお使われています。ちなみに、かつてサロンでは船長が、メスルームでは二等航海士が、年齢に関係なくテーブルマスターと呼ばれる役割をもっていて、その合図で食事が始まったものです。今ではそんな役割の人はいなくなりました。

一方、やはり部員が大勢のころは、甲板部、機関部、司厨部（事務部）はそれぞれの食堂をもっていました。メスルーム一つで食事をするようになり、麻雀を楽しむ面子にも事欠く今となっては考えられないことです。

その次は、船長だけがイタリア人であとは全員韓国人だったタンカーでしたが、乗ってすぐに係船（港外に錨泊したままで航海はしないこと）となり、大西洋のカナリア諸島のラスパルマスにいました。これには一〇ヵ月乗っていました。

一九八五年の八月からの一〇ヵ月は、船長以下全員韓国人の雑貨船でした。ブラジルのサントスから穀物、とくに豆ですが、それと飼料をオランダのロッテルダムに運んでいました。帰りは空船（貨物を積んでいない状態）です。これを繰り返していました。この船で初めて甲板手となりました。甲板手となると操舵もするわけですが、海軍で舵を取っていたから別に問題はありませんでした。問題は給料が下がったことです。マンニング会社は同じなのですが、船を運航する会社が違ったためです。これは不満でした。船に乗るのは、ただ貯金をするためですから、給料は少しでも高いほうがよいわけです。

それでも甲板手としての履歴になりますから契約のとおり一〇ヵ月乗って、昨年の五月に下船して結婚しました。下船してからの約四ヵ月はとても楽しいものでした。彼女とデートして映画を見たりセックスをしたりして、それは本当に楽しかったです。

本船に乗るまで、日本人と働くなどということは考えたこともありませんでした。また、本船に乗るまでに日本人とつきあったこともありませんでした。本船に乗ったのは、とにかく四二日おきに、たとえ数時間でも釜山に帰ることができるからです。

船員という職業はよいとは思いません。貯金をして早くやめたいと思っています。やめて商売、スーパーマーケットなどをやりたいと思っています。人生が終わるまで船員をしようとは思いません。

本船に乗って一番楽しかったことといえば、それはもちろん釜山に帰ることです。一番嫌なことはといえば、やはり釜山にちょっとしかいられなくて、また出港することです。

そうですね、日本人について、と言われても傷をつけるようなことを私の口からは言えません（つまり何かあるわけです）。歴史的なことであっても、私たちは若い世代で、昔のことにそんなにこだわってはいません。それに本船の日本人も、そういう話題にならないように気をつけているようで有り難いと思っています。韓国の社会や政治のこともあまり話しませんから問題はありません。

五人の日本人はみな仲良しだとは思いますけれど、よくはわかりません（そうでもなさそうです）。韓国人もまあ、みな仲良しだと思います（これも、そうでもなさそうな口調でした）。本船の二等航海士と甲板長は、サントスとロッテルダムを往復していた船で一緒でした。乗ってきてわかったことですが。

これから日本人と初めて混乗する韓国人がいたら、日本人の風習や礼儀を教えてあげます（具体的な例を挙げてもらおうとしましたが、それは無理でした。ですから建て前的な発言かもしれません）」

操機手のL・Bさん

三人目は三九歳の操機手L・Bさんです。

17当直中に燃料油洗浄機を点検する操機手のL・Bさん

「一九七四年三月一三日が商船への初乗船ですから、もう一三年乗っています。それで給料は四〇万ウォン（一九八七年当時、約四七〇USドル）です。私の手元には月に九〇ドルだけ残します。おみやげもそれで買います。今は給料がどんどん下がっています。ドル建てですから。一九八五年には一USドルが八九〇ウォンでした。一九八六年には八八五ウォン、そうして今は八五〇ウォンです。給料は上がらず、レートは悪くなる、一方インフレ気味ですから物価は上がる、で生活は大変苦しいです。

一九七四年のころは、海軍の給料は安く、私で三二万ウォンでした。船に乗ったら九八万ウォンでした。つまり給料は商船のほうがずっとよいと聞いて海軍をやめたのです。ところが、今は逆で、もし今海軍にいたら五〇万ウォン（約五九〇USドル）です。それに子どもの教育費はただ、病院もただ。海軍にいたほうがよかったのですが。

健康保険は、今年からやり方が変わりました。会社が今までの保険をキャンセルして、もっと保険料の安いものに変えてしまいました。だから病気になったら大変です。

韓国では今教育費が高いです。大学は国立で年に四〇～五〇万ウォン、私立だと六〇～七〇万ウォンします。中学は、三ヵ月ごとに五万八〇〇〇ウォン、高校はそれよりちょっと高いです。だから子どもが多い家では、頭のよさそうな子だけ頑張って大学にやります。あとは高校までです。

私の家は、論山（Ron-san）です。釜山から列車で片道約五時間近くかかりますから、釜山に入っても帰ることはできません。ですから妻が釜山まで面会に来ます。でも船に来てはいけないのです。前はよかったのですが、去年の八月から駄目になりました。なぜかは知りません。仕方がないから安いホテルみたいなところで会います。汽車賃や何かを入れると一〇万ウォンかかりますから、高いです。四〇万もらって一〇万使うなんて変な話です。船が何時に着くのかもはっきりわからず、ゲート（岸壁の入口、一般人は入れない）で家族は何時間でも待ちます。寒いです。でも待ちます。この間は一〇時間そこで彼女は待ちました。

日本の関係の会社はみんな安いです。どこのマンニング会社でも日本関係の船に乗れば安いです。でも仕方ありません。乗れないともっと困りますから」

三等航海士のG・Jさん

四人目は流暢な日本語を操る二五歳の三等航海士G・Jさんです。

「日本語は前の船で覚えました。何もわからないのですから仕方ありません。幸い楽な船だったので暇がありました。最初の三ヵ月は、夜三時間くらいしか眠りませんでした。日本語の勉強をしていたのです。それができてよかったと思います。前の船は雑貨船で、本船と同じ川崎汽船の船です。

世界一周航路みたいなものです。ノルウェーから肥料を積んで四五日かかってバンコクに行

⑱当直中にレーダーを見ながら反航船の動静を綿密に監視する三等航海士のG・Jさん（左）と船長の日本人S・Iさん

くとか、材木、原糖をデンマークへ持って行ったり、デンマークからキール運河を通って東ドイツのロストークなどへも行きました。共産圏は上陸できません。韓国の法律で決まっているのです。

私は韓国海洋大学の出身で先輩は優れた人々ばかりでした。何しろソウル大学より入学が難しかったのですから。（船で働けば給料がまるで違いましたから。今でも私の同年齢の大学卒の人の二倍はとっていますが、昔はもっと違いました。最近はちょっと質が落ちています。今は二倍の給料をとっていても、陸の人が年とともに偉くなっていって給料が上がりだしたとき、私たちは上がっていないでしょうから、これから先はよくありません。そういうことを今の若者は知っていて、今までほど優秀な人が集まらなくなっているのです。また別の機会にゆっくり話しましょう」

ここまでは当直中の船橋での話ですが、このあとは私の部屋で聞かせくれた話です。

「三年乗れば兵役が免除されるので、それまで、つまりあと一年頑張って、あとは船をやめるつもりです。大学院で海運経営学を勉強したいのです。仕事をしながら夜学に行くことになるでしょう。もう結婚しています。大学の四年の終わりごろに結婚しました。韓国では早いか、それとも遅いかどちらかです。一般的に大学の二年から兵役に行き、三年たって復学します。

だから卒業するのは二五、二六、二七歳になります。船は不景気だから駄目ですよ、女の子も寄ってきません。大学にいるとき合同コンパをしても全然駄目でしたね。嫌いという声もかけてくれないんです。

大学時代は今考えると一番よかったと思います。大変だったけれど面白かったですね。入学すると、まず特別訓練があります。朝五キロくらい走ります。夕方と夜も走ります。先輩が指導するのですから仕方ありません。

三等機関士のT・Jさんは、韓国海洋大学の商船科で同期です。二人とも成績が悪いからなかなか昇進しません」

（1）大橋信夫「最近の労働負担研究の動向」『海上労働科学研究会会報』第一一九号、一九八五年

（2）大橋信夫「労働力の国際移動と職場における文化摩擦」『労働科学』第六三巻第六号、一九八七年、二七八～二九八頁

（3）大橋信夫「外国人労働者に関するケーススタディー」『労働科学研究所維持会資料』No.1245～1248、一九九〇年

（4）大橋信夫・服部昭『混乗船に置ける東南アジア船員の生活行動と労働に関する調査研究―フィリピン船員との混乗について、第一部 フィリピンとフィリピン船員について』海上労働科学研究所、一九八〇年

（5）大橋信夫『東南アジア諸国の船員事情について』日本船長協会、一九八七年

（6）大橋信夫「船員労働力の国際化をめぐって」『労働の科学』第四四巻第三号、一九八九年、三一～三四頁

第7章 航海中の楽しみ

1 食事

船では食事をつくるプロが司厨部の乗組員として必ず乗船しています。ちょうど甲板部に甲板長、甲板手、甲板員がいるのと同じように、司厨部には司厨長、司厨手、司厨員がいます。船内での呼び方は、日本船では司厨長はシチョージです。どうもChief Stewardが訛ったもののようです。司厨手は、日本船ではオヤジとかオヤジさんと呼ばれます。司厨手が二名いる場合は上位がオヤジ、下位がセケンです。セケンはどうやらSecond Cookからきているようです。司厨員はサロンと呼ばれます。司厨員が二名いる場合は上位がサロンボーイ（通称サロン）、下位がメスボーイ（通称メスロン）です。中学を卒業して海員学校の司厨科で二年間学び、司厨員として乗船していく人が多かったようで、皿洗い、鍋洗い、漬物きざみ、部屋掃除などから始め、経験と経歴を積んでだんだんと昇進していきます。

船の食事はオヤジさんの力量によって大きく変わります。「今度のオヤジはいいなぁ、いろいろ変わったうまいもんを食わせてくれるよねぇ」とか「一航海中に同じものを決して出さんもんなぁ」となることもあります。でも船によっては「おんなじようなものを繰り返すだけだ」とか「何でも冷えたものを食わせる」となることもあるからです。

ある船で「大橋さん、本船のメシ、ひどいでしょ?」と乗船早々に乗組員から聞かれました。私もそれまでに乗った船に比べてそんな感じがしていましたが、「そうですね」と本音を明かすわけにもいかず、「いぇ、ふだん私が食べているものよりずっと立派です」と答えて(これは本当です)、尋ねた人を落胆させたことがあります。

たいていの船では、司厨部の人たちは、いかに美味しいものを出すかということに一生懸命です。熱心なオヤジさんやセケンは食事をしているサロンやメスルームの様子をさりげなくのぞいて、みんなの食べっぷりを観察したり、食べ残しを仔細に調べて、後の献立に活用したりもします。こうしたオヤジさんたちのもつ力量をうまく発揮させるのがシチョージなのです。

司厨部、司厨部と書いてきましたが、これは正式の呼び方で、船内の会話の中では事務部と呼ばれることが多いようです。乗組員が多かった昔は調理・供食や部屋の掃除など生活サービスに携わる人数も多く、司厨長の直属上司は事務長と呼ばれる職員でした。そんなころの名残かもしれません(第5章1節で紹介しています)。乗組員が少なくなり、事務長もいなくなった今は一等航海士が司厨長のいわば上司になっていますが、それでも事務部という言い方が今なお使われることがあります。でも事務手とか事務員とは言いません。司厨手と司厨員です。

また、甲板部をデッキ、機関部をエンジンと略す表現にそろえるならば、事務部はマカナイです。

食事は、生活に楽しみの少ない乗組員にとって大きな関心事です。ですから、司厨部の仕事は、食料の購入、貯蔵、献立の作成、調理、盛り付け、配膳、後片付け、そうしてもちろん衛生管理となかなか大変です。

食料の購入

乗組員の一日あたりの食費は全日本海員組合と日本船主協会との間の労使協定で決められています。二〇一一年当時は下限が一二五〇円となっていました。混乗船では六・五USドルでしたが、二〇一一年の九月から七・五USドルに値上げされました。この金額を念頭に置いて司厨長とオヤジさんとで相談し、その航海で寄港する外地で安く買えるものは外地で、内地でしか買えないものは内地で、と経験を活かし知恵を絞って購入計画を立てます。そうしないと、この食費ではとてもみんなに満足してもらえる食事はつくれません。

1 ギリシャのピレウス港で購入した野菜を運んできたトラックから降ろす司厨長のY・Kさん（左。右はヤオヤ）

港には、船に食料を納めることを業とする、船食とかヤオヤと呼ばれる業者がいて、船から注文されたものを船の出入港などの都合に合わせて納入します。ヤオヤといっても野菜だけを扱うのではなく、何でも調達します。あらかじめ手紙や電報などでヤオヤに、船名、注文品、納入場所、時刻を連絡してお

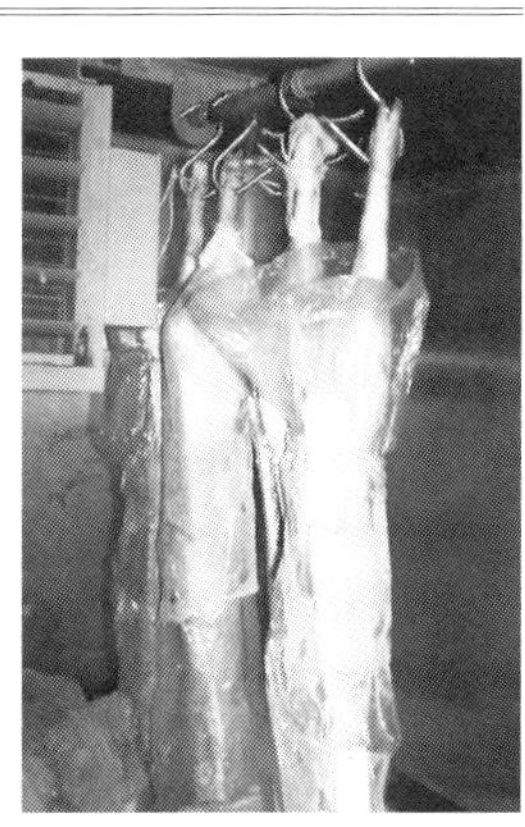

2 冷凍庫（肉庫）の中の牛の半身

けば、少々入港時間に変動があったり着岸する岸壁が変わったりしても、そうした船の動静に合わせてきちんと品物を受け取ることができます。外地で購入する場合は、直接外地のヤオヤに注文したり、自分で市場に買いに行ったりすることもままありますが、たいていは代理店経由で入手します。

食料の貯蔵

トラックで岸壁に届いたものは、品物別にすばやくそれぞれの貯蔵庫に収納します。

船には食料の貯蔵庫として、およそ四度に冷やされている冷蔵庫（野菜庫とも呼ばれます）、およそマイナス五度に冷されている冷凍庫（肉庫とも呼ばれます）、それに乾物、缶詰、瓶詰などを収納する常温のドライ・プロビジョンと呼ばれる倉庫があります。

食料の「買い出し」

これは面白い表現です。司厨部の人が、調理に必要な材料を貯蔵庫へ取りに行くときに「買い出しに行ってきます」とか「おい、ちょっとパセリを買い出してこいや」などと使われます。

この「買い出し」、最近でこそまったく問題が起きませんが、冷蔵・冷凍能力が低かったころは大変でした。一日に冷蔵・冷凍庫のドアーを開ける回数と時刻が決められていて、たいていは朝晩二回でした。でも司厨部としては追加的に開けたいことだってありますから、そっと開けたりします。そうするとすぐに温度が上がってしまい、下げるのがなかなか大変でした。そのため冷凍機の運転と整備を担当する機関士と司厨長との間で、開けたろう、開けてない、とバトルがしばしば起き、ときには深刻な対立にまで発展してしまうようなこともあったのでした。冷蔵・冷凍能力に余裕があり、スペースも広くとれるようになった今ではまったく聞かない話です。技術の進歩によって、人間関係を悪くする要因が減ったのでした。そうして今では、一日に何度でも気軽に「買い出し」に行っています。

3「買い出し」した野菜

献立づくり

これはオヤジさんと司厨長の腕の見せどころです。「暑い日が続いてみんなあまり食欲なさそうだから、明日の夕食は冷し素麺にするか」とか、その逆に「寒いから夕食には小田巻をつけよう」などと気温にも配慮します。航行中の船では数日で夏から冬になったりしますから、これもなかなか大変です。

あるいは、「明日は日本では桃の節句だから、ちらし寿司を出すか」などといった配慮もあります。フィリピン人との混乗船では「フィリピン近くを通るから豚足にするか」ということも（これは第6章1節で紹介しました）。

4献立づくりに知恵をしぼるHK号のR・Bさん。手前の小さいカードが、食堂に貼り出される翌日の献立表

その他、日曜日のお昼は洋食のフルコース、月に一度はすき焼などと決めて、乗組員の楽しみを生み出している船もあります。

日本船では献立予定が掲示されることはほとんどありません。「何かな?」と期待しながらサロンやメスルームに足を運ぶのが楽しいせいかもしれません。韓国人との混乗船では、韓国人の司厨長のC・BさんとコックのP・Gさん（混乗船ではさすがにオヤジさんとは呼ばずコックと呼んでいました）は一週間の予定を掲示していました。

また、第3章7節に登場したドイツのHK号のシェフ（乗組員名簿ではコックですが船ではシェフと呼んでいました）のR・Bさんは、翌日の献立を掲示していました。

混乗船やドイツ船でも献立づくりには苦労していました。でも、いろいろな船に乗った経験から、私は日本船のオヤジさんがとりわけ大変なように思っています。というのは、日本食では、和食、洋食、中華などいろいろなスタイルの食事を楽しむことが当たり前のようになっているからです。これらを上手に組み合わせて出すようにしないと、「本船の食事は単調だ」などと文句が出たりします。もちろん船の中のことですから、あからさまにオヤジさんに文句を言ったりはしませんが、でもそこはやはり狭い船ですからなんとなく伝わります。

ドイツ船のHK号でも「一般的に船の食事は単調だ」という感想を何人かから聞いたので、

オカでの食事、つまり家庭での食事に比べてどう違うのかと聞いたときに返ってきた答えには驚きました。「オカならチーズだってソーセージだって、もっといろいろなものがある」だったのです。どのみち、チーズでソーセージなのです。それからすると、和食、洋食、中華が当たり前の日本食を乗組員が満足するように提供する日本船の司厨長やオヤジさんの苦労は、とりわけ大変だろうと思うのです。

ちなみに、HK号では「単調だ」という声は少なく、むしろ「本船はいい」が多かったのです。その理由は「中華も出るから」でした。ドイツ人のシェフR・Bさんに、どこで中華料理を覚えたのか聞いてみると、ニヤーッと笑って、「女房がマレー人なんだよ。彼女から教わったものを試しに出したら、意外と評判がいいのでときどき出すし、ドイツ料理の場合でもちょっと中華風にアレンジしたりしてるんだよ。メキシコ風なんとかとか勝手に名前を付けたりしてね。まぁ他の船ではあんまりないと思うよ」と、いささか誇らしそうに教えてくれました。なお、R・Bさんは「日本じゃぁぁ冬はなんでレモンが一個二〇〇円も三〇〇円もするんだ」と怒っていました。

次は六月二二日(木)、神戸に入港した日のR・Bさんが予定した献立です。

朝食：ヨーグルト、ハム入りのスパゲッティー、卵料理

昼食：カリフラワーのクリームスープ、ハンバーグ風の肉料理、マッシュルームソースをかけたグリル野菜、コーヒー、カステラ風のお菓子

夕食：ピーマン、ベーコン、玉ねぎをペッパーソースで炒めて薄焼きパンでくるんだもの、薄切りの冷製肉、チーズ、果物

実は、私が東京で乗船した翌日の、最初の朝食の折に、卵料理のせいで大変困りました。テーブルにつくと、スチュワーデス*のA・Sさんがどんな卵料理にするかを一人ひとりに聞きに来て、それをギャレーにいるシェフ助手のG・Wさんに伝えてつくってもらうのです。私も聞かれましたが、卵の料理の仕方なんていきなりドイツ語で言えません。しかも彼女は英語があまり得意ではないのです。隣に座った機関長のK・Sさんに助けてもらってなんとか切り抜けました。みんなは「卵を二つ使ったプレーンオムレツ」とか「ベーコンエッグ。卵は両面を焼いてね。もちろんベーコンはカリカリに」と、かなり細かく注文しているのです。でも私はそんなふうに詳しくは言えません。そこでこの朝食後、ギャレーにいるシェフのR・Bさんに、いろいろな卵料理の注文の仕方をドイツ語で書いてもらって、毎朝、サロンに向かう前にその中の一つを必死に覚え、彼女が来るとさりげなく（実は一生懸命に）注文するようにしました。数日後には「今朝は、細かく刻んだトマトを入れた炒り卵をください」なんて澄まして言っていました。

5 朝食の卵料理の準備をするシェフ助手のG・Wさん

卵料理を担当するG・Wさんを観察して驚いたのは、

6茶碗蒸しをつくるオヤジさんのS・Fさん

7鯛の串打ちをするS・Fさん

その手際のよさです。次々と届くいろいろな注文に応じられるように、卵やベーコンやトマトなどをあらかじめ用意しておくとともに、小さいフライパンをいくつもヒーターに載せ、それらをまるで手品師のように扱って、あっという間に盛りつけていきます。ある朝は七分間に一四人分の卵料理をつくりました。

調理作業と食事

いくつかの例を写真で紹介しましょう（写真6〜12）。

調理作業について私には忘れられないシーンがあります。それは、一九七〇年代初頭に冷凍食品を船の食事に導入する試みが始まったころ、豪州航路のコンテナー船のギャレーで見たことです。ライスボイラーの中で沸騰しているお湯に冷凍の枝豆を入れて、軽く混ぜながら枝豆を見ているオヤジさんのY・Sさんの目です。まるで睨みつけているような怖い目でした。あとで聞くと「どうしたらきれいなエメラルド色に仕上がるか試してたんですよ。結構、難しいんですよ、冷

【スチュワーデス】 乗組員名簿でスチュワーデスという職名の女性が二名乗船していましたが、その実際の職務内容は司厨員と同じでした。

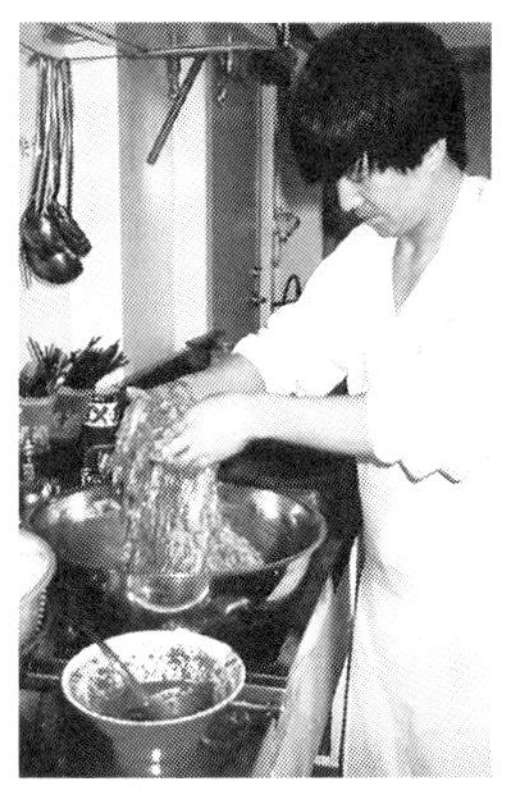

8 キムチを漬ける韓国人コックのP・Gさん

9 一日の最後に包丁を研ぐフィリピン人チーフコックのE・Pさん

10 こんな食事も！——にぎり寿司の盛り合わせ

11 こんな食事も！——冷やし素麺を楽しむ日本人船長のT・Sさんと機関長のK・Sさん。つくったのはフィリピン人コックのE・Pさん

12 こんな食事も！——日曜日のお昼のフルコース。オヤジさんのS・Fさん作

凍ってやつは。そうですか、そんな怖い目をしてましたか?」と笑っていました。船の食事はこんな真摯な人たちの努力によって支えられているのです。

それとともにこうした努力に対して、食後にギャレーをのぞいて「うまかったよ、今日の……は」などと、オヤジさんたちに声をかけていく乗組員の心配りも、食事を豊かにするうえでとっても大切なものだと思っています。

2 乗組員の部屋

船の乗組員組織は、第5章1節で紹介したように、船長を頂点とするいわばピラミッド型になっています。ですから職位によって部屋の大きさも設備も異なります。今でもそうした差がありますが、かつてはその差はきわめて大きいものでした。戦前は士官とか高級船員と呼ばれた船長、機関長はもとより、若手の航海士や機関士たちを含めた職員たち（制服の袖に金筋がつく人。95頁で解説しています）は、面積や設備には差があるものの、早くから個室でした。でも、普通船員とか下級船員と呼ばれた部員（第3章3節で紹介しています）は、水夫長（今の甲板長）、火夫長（今の操機長）、司厨長などの、いわゆる職長を除けば、水夫（今の甲板手、甲板員など）も火夫（今の操機手とか操機員など）もみんな大部屋でした。私の手もとに、下級船員と呼ばれた人々の昭和初期の様子を克明に記した記録があります。これは欧州航路に従事する一万トンの貨客船の石炭炊きの石炭夫が、一九二八年から一九三一年の乗船中に記した大学ノート九冊におよぶ貴重な日記が五〇年後に出版されたものです[1]。それによれば、華氏一四〇度（摂氏六〇度）にもなるボイラーの焚口で石炭を焚いた体を休める彼の部屋は、なんと四〇人の大部屋でした。

火夫長と油差しの部屋をのぞいて、大部屋には火夫、石炭夫、見習い合わせて四〇人のへイカチ（今は部員と呼ばれる普通船員のこと）が、カイコ棚そっくりの上と下と二段になった寝台が縦横に並んでいる上に寝ている。下のベッドには、見習いや、われわれコロッパス（石炭夫のこと）、上段にはファイヤーマンや古参のコロッパスが寝る。下のベッドはすわると頭がつかえる。このせまっくるしいベッドが私たちの住居だ。そこで寝起きし、そこで読み書きもしなければならない。食堂は上だが、部屋は一段下にあるので陰気だ。ポールド（丸窓）やシカライキ*からの光線は、部屋の一部分を薄く照らすにすぎない。電灯などを消そうものなら真っ暗だ。四〇人でばたばたするほこりは、部屋中に充満する。ほこりのでていくところはない。部屋の構造は、採光、通風などが無視されているのだ。（上巻246頁）

と記されています。

またインド洋航行中には、

毎日毎夜、周囲のそうぞうしさに悩まされ通しだ。私は本も読まず、ものを書くこともせず、人ともろくに話もかわさず、ベッドに横たわっている。私のベッドは大部屋中でもいちばん暑い位置にある。ファンの風もポールドの風もまったくあたらない、中央の下部ベッドである。すわったら、上部ベッドに頭がつかえる。腰をまげてすわってばかりおれはしない。私は本を読むときも、日記をつけるときも、腰が痛くなると寝て読んだり書いたりすることにしている。（下巻99頁）

と記されています。

大部屋で暮らす苦しみが、このほかにも随所に出てきます。

この日記を記した広野さんは、小林多喜二の『蟹工船』とともに有名な『海に生くる人々』[2]を著した葉山嘉樹とも親交があり、横浜に入港すると自宅を訪れていた様子なども日記に書かれています。

四〇人もの人が暮らす大部屋、でもこれは日本だけのことではなく、当時の世界の海運産業はみなそうでした。場合によると日本船よりも酷い船もあったようです。士官が宗主国出身で、普通船員は植民地出身という乗組員組織も少なくはなく、こういう場合の給料や食事、船内の居住条件の格差はきわめて大きいものでした。

広野さんが日記を書いたのは昭和初期ですが、それから約二〇年もたった戦後も部屋の様子

【シカライキ】天井から自然光を採光する仕掛けのスカイライト（sky light）が訛ったものです。

は同じようなものでした。一九四九年に当時の運輸省海運総局から出された海上労働調査報告第一集の冒頭に掲げられている「概括と感想*」にこんな記述があります。

私生活に使ふ場所は、切りつめられるだけ、切りつめてある。（中略）普通船員の個人専有の居住区劃は、長さが一メートル八〇センチ、幅は六五センチの上下二段造りの寝台の上だけである。坐れば頭を打ち、手を延ばせば隣人に触る、この狭い空間が、唯一の私生活に於ける、憩いの場である。

このあとには、かなり強い調子の批判と改善の必要性が指摘されています。

やがて戦争で壊滅した日本の海運産業も計画造船政策によってなんとか立ち直っていきます。そうして技術の変化によって、ボイラーは石炭焚きから重油焚きとなり、やがて主機関が蒸気機関からディーゼル機関に変わっていきます。甲板部関係にも新しい技術が導入され、乗組員数は大幅に減少していきます。それにつれて四〇人もの人が暮らす大部屋は姿を消していきましたが、それでも一九五〇年に新造された一万トンの貨物船では、甲板手が暮らす三人部屋の面積は三・一平方メートルでした。ちなみに、同じ船の三等航海士はもちろん一人部屋で、面積は九・六平方メートルです。

部員の部屋の個室化が始まったのは、日本では一九六七年で、今ではほとんどが個室となりました。乗組員数が激減した一方、船体が大きくなってスペースに余裕ができたことが大きな理由です。

床面積も、職員と部員の差は今でもありますが、以前よりはるかに小さくなっています。「合理化」なるものが労働と生活にもたらした数少ない利点といえるかもしれません。

なお船内冷房は、一九五七年に外航タンカーを運航する一六社と全日本海員組合との間で結ばれた労働協約で、酷暑のペルシャ航路に従事するタンカーの食堂などの公室に設備されるようになり、やがて個室も含めて居住区全体にも設備されるようになりました。これによって前出の広野さんが、ホンコンを出てシンガポールに向かっている最中の一二月五日（水）に「南航するにしたがって日に日に暑さがましてくる。日本では木枯らしの季節だが、ここの船室では九三度（摂氏約三四度）。汗がでる。寝ぐるしい。みんなユカタ一枚だ。それでも暑いので、猿股ひとつですっ裸だ。香港をでてから扇風機をかけた。まだ暑さはひどくなるだろう」（上巻37頁）と記したようなことはなくなりました。

個室化と冷暖房設備が、船という限られた空間で生活をしなければならない乗組員の精神的負担をどれほど軽くしたかは、どんな豊かな想像力をもってしても、きっと想像を超えていると思います。

【概括と感想】 これは、戦後になって運輸省の委託を受けて、五年計画で商船船員の労働実態を把握する調査研究に取り組んだ最初の報告書である、海上労働調査報告第一集（運輸省海運総局、一九四九年）にあるものです。執筆者は、報告書には記載がありませんが、別の資料からグループリーダーの本林富士郎先生（のちの名古屋大学名誉教授）と考えられます。

写真13・14は若い職員、たとえば三等航海士とか三等機関士とかに用意されている部屋です。写真15は機関員の部屋で、ベッドも机も洗面台もありますが、面積は写真13・14に比べるとだいぶ狭くなっています。

こうした部屋の面積や設備については最低の基準が国際的に決められています。でも実際には、船の大きさや船会社の方針によってこの基準を上回ることももちろんあります。次が上回っている例です。

写真16・17は、ドイツの五万トンのコンテナー船の例で、航海士や機関士になることを目指す実習生の部屋ですが、写真13〜15に比べるとずいぶんと立派です。

写真には写っていませんが、トイレとシャワー室もついています。実習生でこうですから、職員となると居間と寝室が分かれていて設備もずいぶん立派です。

ちなみに、この写真でははっきり見えるように、船のベッドには頭と脚の部分に必ず枠がついています。揺れても落ちないようにするためで、ときにはこの枠にしがみつきながら眠ります。枠をしっかりとつかんでいても眠れるから不思議です。ベッドの下は普通、引き出しとなっています。

ドイツ船ではなく日本船でも、船長室や機関長室となると写真18の例のように立派になります。ベッドルームやトイレ、浴室はこの部屋の奥に設けられています。

船長室には写真19の例のように、必ず船長公室と呼ばれる部屋が隣接しています。ここには数人が座れる会議テーブルなどが置かれています。入港した際に乗船してくる公式訪問客はこ

⑯ドイツ船HK号の実習生用の部屋

⑬BB号の三等航海士用の部屋の例。デッキの上に積まれたコンテナーがなければ、丸窓から海が見え、船が進む様子も見えるのだが

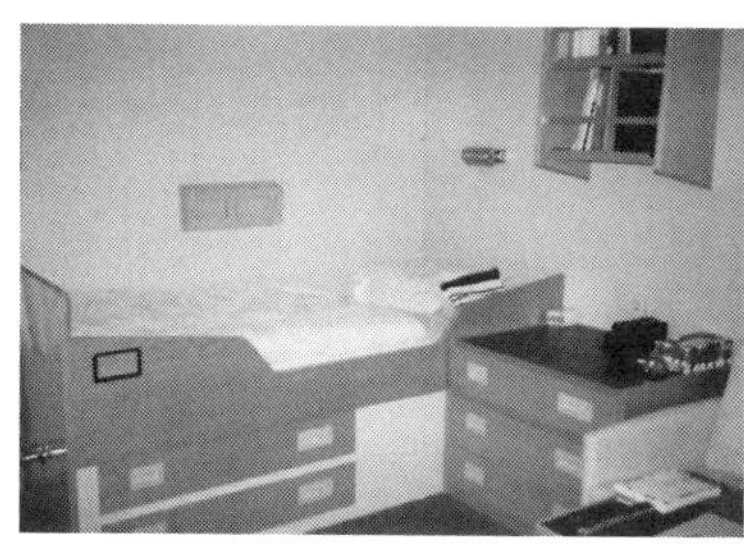

⑰写真⑯の部屋の反対の壁側に設置されているベッド

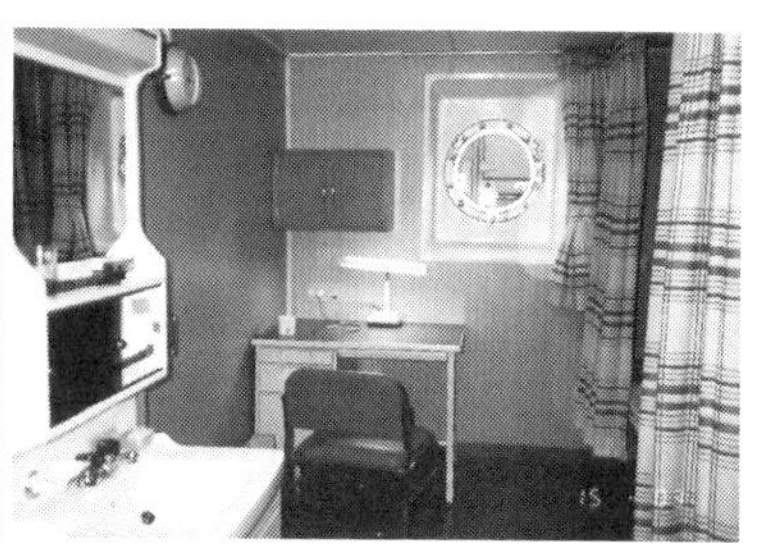

⑭写真⑬と同じ部屋を左壁面が入るように撮ったもの。ドアーを開けてすぐ左側に洗面台がある

⑱混乗船ＡＬ号の機関長の居室の例

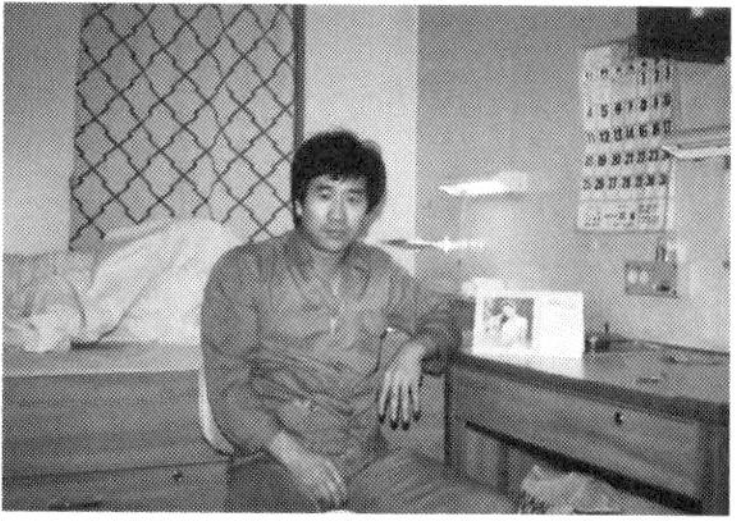

⑮自室でくつろぐ韓国人機関員のH・Gさん

こで応接されます。

次は食事をする場所です。職員が食事するサロンの例が写真20、部員が食事するメスルームの例が写真21で、どの船でもサロンのほうが相対的に立派です。

写真22はメスルームに置かれている共用の冷蔵庫です。誰のものかわかるよう、品物には名前を書いて冷蔵庫に入れておきます。

19船長室の例。手前が公室、奥が居室、さらに奥には寝室とトイレ、浴室がある

サロンには共用の冷蔵庫はなく、隣接する部屋で、食器などを置いてある通常パントリーと呼ばれているところに置かれていることが多いようです。

部屋に関してちょっと面白い話を最後に紹介しましょう。

乗組員組織は船長を頂点にしたピラミッド組織で、職位によって部屋の大きさや設備も異なります。これは世界的に共通していることです。でも一九七〇年代には北欧で、これとは異なる試みがなされたことがあります。当時の北欧は、産業民主主義が進展していた時期で、その影響を受けて乗組員の組織もできるだけ階層性の低いものにすることが試みられました。その関連で、スウェーデンの大手海運会社の一つであるブレストリューム（Bröstrüm）社が、船長と機関長の部屋を除く他の乗組員の居室が二種類しかない貨物船を建造し、実際に運航したのです。乗組員、とりわけ部員からは好意的な評価が得られ、その後の一つの方向を示すような結果となりました。[3] しかし実際には建造されたのは、実験的に造られた二隻にとどまりました。この実験が行なわれている最中に到来した世界の海運産業の過熱的ともいえる国際競争の激化に対応するため、日本と同じように安い外国の船員を使う混乗方式を大幅に取り入れざるを得ず、乗組員のほぼ全員がスウェーデン人であることを念頭に置いた産業民主主義の海運への導入は頓挫したからでした(4)。

20 サロンの例

21 メスルームの例

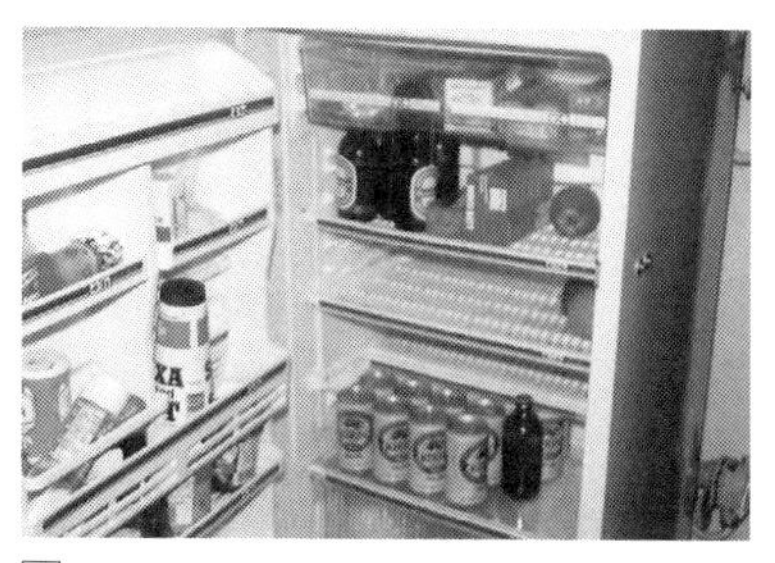
22 メスルームに置かれている共用の冷蔵庫

3 麻雀、卓球、テレビ、ラジオ、楽器・CD、映画・ビデオ

余暇の一つの役割が「仕事を離れて気分転換を図ること」でもあることを考えると、船内で

それを楽しむことはそう容易ではありません。日勤者であれ交代勤務者であれ、仕事をしていないいわゆるオフの時間でも、船という職場にいるわけですし、何かを一緒にする相手も同じ乗組員ですから。また、自分がオフでも誰かは必ず働いているし、たいていは誰かが眠っています。ですから楽器など音が出るようなものは、いきおい遠慮するようになります。

船内の余暇の特徴の一つは、たいていのものが航海中、それも大洋航海中に限られることです。沿岸を航海しているときは、入港してすぐ荷役と整備作業、それが終わればすぐ出港、ちょっと走れば次の港……、という海で働く人たちが「入れ出し」と呼ぶ状況が続き、睡眠も不足がちになるので、とても余暇を楽しむ余裕はありません。港に停泊中は、デッキは荷役、エンジンは整備作業、マカナイは食料の積み込みなどの仕事があります。そこに仕事関係の来客への応対などが加わって誰もが忙しくしているので、余暇に費やす時間はなかなかとれません。それに、停泊中に多少でもゆっくりできる時間があれば、替わり合って上陸しますから(この上陸については、次節で紹介します)。

これに対して航海中は、猛烈な時化とか特別な整備作業でもなければ、それぞれの一日の経過は比較的安定しています。ですから停泊中よりもずっと容易にオフを楽しむことができます。本当にゆっくりできるのは大洋航海中なのです。たとえば北米航路の場合であれば、横浜を出港して東京湾を抜けて北に針路をとり、Mゼロ(第3章3節で紹介しています)になると「さぁこれで一週間、ゆっくりできるぞ」と必ず誰かが口にするものです。八日も走ればサンフランシスコやロサンゼルスなど西海岸の港に着いて、また猛烈な忙しさになるのですから。

麻雀

船内でもっとも手近かな遊びは、麻雀です。日本船であれば必ずパイが備えてあって、夕食後から二〇時、二一時ごろまで何組かが麻雀を楽しんでいたものです。ときには二二時くらいになることもありましたが、睡眠が大事なことをみんな知っていますから、あまり遅くなることはありませんでした。そもそも、「いつ何かが起きて眠れなくなるかわからないから、船乗りは眠れるときに眠っておかないと」という習慣がしっかりと身についています。でも、航海中に日曜や祝日がくれば、日勤者は休日となりますので、夜を待たずに昼間から楽しんでいました。

㉓麻雀を楽しむフィリピン人船員

たとえ時化ていても、好きな人たちはテーブルを囲みますが、そんな場合は船特有の動作がしばしば現れます。うっかりすると船が傾いてパイが倒れてしまうので、揺れを計算に入れて自分のパイを押さえる動作です。もちろんこのときには、立っている自分のパイだけに手が触れていることがはっきりわかるようにしないといけません。

麻雀から船内の微妙な人間関係が見えたりもします。ある船で「つきあわされて大変」と口にした若い機関士がいました。彼は上級の海技免状をとるため、オフには受験勉強をしたいのですが、「わしがやらんと動かないから、つきあわないわけにはいかんし。いっそもっと（乗組員が）減ればわしがおってもおらんでもできんようになるに。いや、これは冗談、冗談」と、つらい立場をそっと話してくれました。

さて、「いたものです」とか「いました」と傍点をつけましたが、実は最近は少人数化が進み乗組員の数が減ってしまい、メンツがそろわなくなっているのです。同じ時間帯に四人もオフの人がいるということが難しくなっているからです。混乗船ならば、船長と機関長の二人だけが日本人ということすらあるのですから。もっとも、最近はフィリピン人の中にも麻雀を覚えた人が増えてきている傾向があるようですが。

卓球

麻雀に次いで盛んなのが卓球です。卓球台はほとんどの船に備えられています。船によっては広々とした卓球室がありますが、たいていは「ロングを打ち合うのはちょっと無理」といった感じのスペースに卓球台が置かれています。職住が超接近の船では通勤もないので、仕事で体は使っても、やはり運動不足になりがちです。卓球は気軽にできる格好の運動として、なかなか人気があります。夕食の前後に三〇分程度楽しむ人が多いようです。

卓球はアジアの諸国でもポピュラーな運動のようで、混乗船でもなかなかの人気です。船によっては、一航海に一度、全乗組員が参加したトーナメントが開かれます。数日にわたって熱戦を展開し、決勝戦が終わるとその夜は表彰式と祝賀パーティーが開催されます。

24 当直を終えてすぐに卓球を楽しむ韓国人操機手のB・Sさん

テレビ

テレビをちゃんと見られるのはもちろん停泊中だけです。それも岸壁に着いているときだけで、錨を下ろして停泊している場合はうまくありません。風で船尾が振れまわるにつれてアンテナの方向が変わってしまうため、画面が乱れるからです。航海中は、陸地によほど近いところを走っている場合には、錨泊しているときに近い画面の状態で見ることができることもありますが、まずは駄目です。ですから「大河ドラマのような連続ものは絶対に見ない」という人も少なくありません。

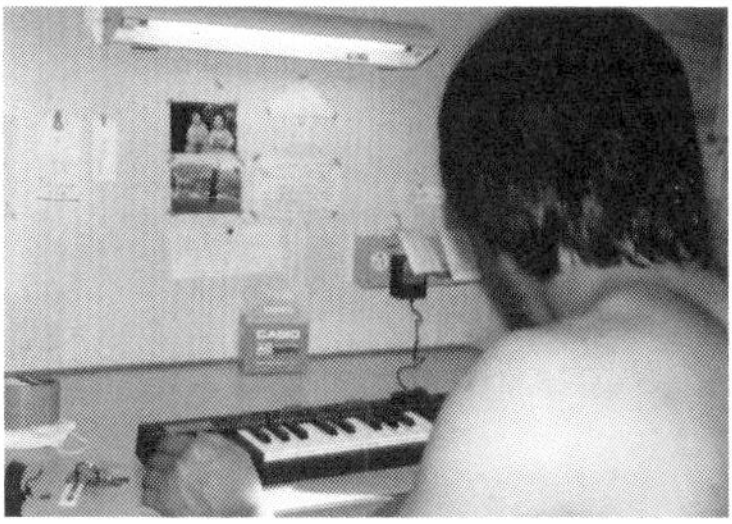

ラジオ

テレビよりは受信状況はよいようです。ですから性能のよい短波ラジオを自分で持ち込んで、船がどこにいても聴いて楽しんでいる人もいます。コンテナー船K丸の船長で英語が得意なT・Sさんは海外放送を聴いて、食事の際に「今日はゴラン高原のほうは、とくに変化はなかったようだよ」などと、聴けない人たちに紹介していました。

㉕最小の音量でキーボードを楽しむ韓国人甲板員のC・Pさん

楽器・CD

冒頭、「楽器など音が出るようなものは、いきおい遠慮するようになります」と書きましたが、最近は性能のよい電子楽器やヘッドホーンが出てきたので、以前よりは音楽を楽しめる可能性が広がっています。

音楽好きな人にとって、CDの出現はとっても嬉しいことでした。レコードは船の揺れや振動で針が飛んでしまうことがあったからです。それでも、海が穏やかなときに楽しめるように、部屋に持ち込んでいる人もときには見かけましたが。ですから、ひところは音楽好きな人たちの間ではテープレコーダーが主力でした。一人で一〇〇本ものテープを持っているドイツ人と乗り合わせたこともあります。この通信長G・Hさんの机の上には『モーツァルトのレクエムについて』という本が置いてありました。

26 お目当てのテープレコーダーを神戸で購入してご機嫌なドイツ人一等航海士のG・Sさん

やはりドイツのコンテナー船に乗ったときのことですが、音楽好きな乗組員は「アカイがいい」とか「いやソニーだ」とかの議論を楽しみ、神戸入港の際にそれぞれお気に入りのテープレコーダーを購入して悦に入っていました。日本製は評判がよいようです。

最近はCDプレーヤーが主力のようで、まわりを気遣って小さい音で聞くか、ヘッドホーンで楽しんでいます。

映画・ビデオ

映画やビデオを船宛に貸し出すことを業としている会社があります。乗組員が多かった時代

27 一人でビデオを見る韓国人操機長のS・Kさん

は、船が内地を出港するときに、数本の映画フィルム（たいていは一六ミリでした）を借りて、航海中の晴天暗夜にデッキにスクリーンを張ってみんなで楽しんだものでした。その後、少人数化ともあいまって、映画もデッキではなくサロンで映写するようになります。私が航海中に最後に映画を見たのは一九七八年のドイツ船で、上映作品は「地上より永遠に（From Here to Eternity）」でした。このころに貸し映画の時代は終わり、貸しビデオの時代になっていきます。ビデオテープとビデオデッキはサロンとメスルームに置いてあって、誰でも自由に見ることができます。でも麻雀と同じで、何人かで見る光景は減って、一人で見ていることが多くなりました。

4 カラオケ、図書棚、個人的趣味、設備、上陸

カラオケ

一人でカラオケの練習をしている風景もよく目にします。船ではけっこういろいろな名目でパーティーが開かれます。これも、同じ船に乗っていながら日ごろあまり顔を合わせない人とおしゃべりする機会をつくって、船内融和を図ろうとすることの一つです。新しく乗船してきた人の歓迎会や、次に日本に帰港したら下船する人の送別会、先に紹介した卓球大会終了祝賀

㉘パーティーで熱唱する韓国人甲板長のC・Jさん

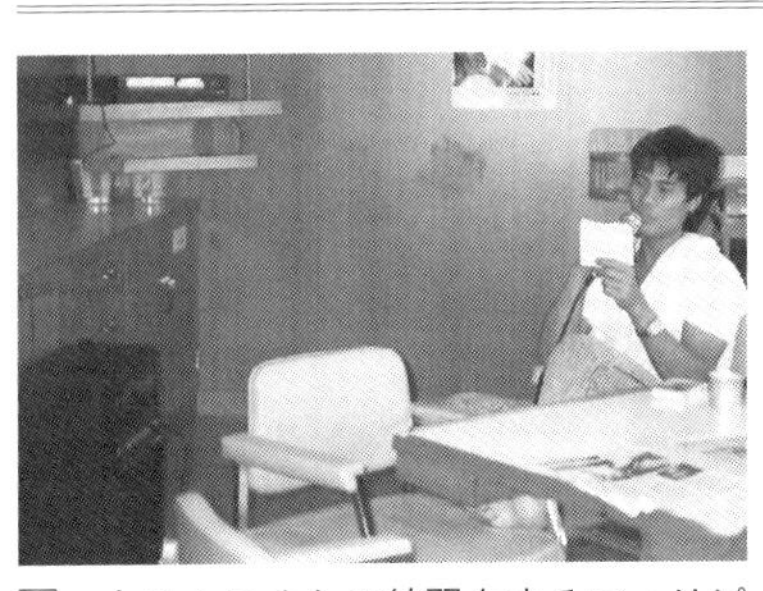
㉙一人でカラオケの練習をするフィリピン人甲板手のJ・Bさん

会、安い牛肉が手に入るニューヨーク出港後の焼肉パーティーなどなど。こういうときに、カラオケはやはり大事な脇役です。

日本人だけではなく、韓国人やフィリピン人もカラオケが大好きです。下手でも歌わされますし、上手ならデッキとかエンジンとかの所属を超えて人気者にもなります。そこで、「なんとか上手になりたい」とか「新曲を仕込んでおこう」との理由から、暇を見つけては練習する人が少なくありません。以前は練習がそのままミニ・カラオケ大会にもなっていたのですが、麻雀と同様に仲間を見つけにくくなった昨今では〝一人で練習〟となるわけです。

図書棚

船内に共用の図書棚があり、毎航海あるいは毎月、会社から支給される若干の費用で図書を購入して、誰でも自由に読めるようにしています。古い船になると処女航海からの本が蓄積されていて、図書室とは言い難いですが、相当な蔵書をもっています。

30図書棚のビデオテープや図書

31日本人機関長のT・Kさんが描いた美人画。サイズはA2判くらい

個人的な趣味

描画、編み物、模型づくりなど、いろいろな趣味を楽しむ人がいます。しかし、結局はどれも一人でできるものになります。

HK号のドイツ人一等航海士のG・Sさんは、ハンブルクで買ってきたキットで蒸気機関車を組み立てていました。彼はブレーメンの自宅に全長九〇メートルにおよぶNゲージのジオラマをもっているとのことで、そこで走らせる新しい模型を一台、毎航海に組み立てることにしているようでした。

ノルウェーの社会学者で船員の労働の研究もしたことのあるトースラッド博士は、船員に趣味をもつことを薦め、それも「知的な趣味を」と言っています。博士から聞いた話ですが、ノルウェーのある船長は航海中にしばしば出会うイルカを観察して記録し、そのデータを使って論文を書いて博士号を取得したそうです。「こういう知的な趣味こそ単調な船内生活を豊かにしてくれる」とトースラッド博士は言っていました。日本人でもジャンボジェットの機長で、コックピットから見える雲を観察して博士になった方が確かいましたが、これと同様です。

32和室であぐらをかいて囲碁を楽しむ

33プールサイドで日光浴をしながら読書と紅茶を楽しむ司厨員のM・Fさん

設備

各船会社とも乗組員の余暇活動ないしレクリエーションには力を入れていて、設備上もさまざまな工夫をしています。写真32もそんな例の一つで、畳を敷いた和室です。ここで囲碁や将棋を楽しんだり、ときにはパーティーを開いたりもします。

でも余暇設備に関しては、日本船よりもドイツ船のほうがよいように思います。プールもあって、プールサイドで日光浴をしながら読書、なんて楽しみもできるようになっていました。写真33はスエズ運河を通航中の司厨員のM・Fさんです。

プールサイドでミニビリヤードを楽しんでいる人もいました。そのほかにも、ローイングボートなどいろいろな運動用具が置かれているフィットネスルーム、木工用具・大工道具などが置かれているホビールームなどが設備されていました。

驚いたのは、サロンの隣にあるディルームに置かれているソファーや椅子が本物の革張りだったことです。ハンブルクにあるこの会社の本社で、海務部長のW・Pさんにそこまでする理由を聞いたときに返ってきた答えは、「昔は港に何日も停泊したので、乗組員は航海中の疲れをゆっくりと癒すことができました。でも今はせいぜい数時間の停泊だから、そんな余裕はありません。ですから、乗組員用の設備をよくして、航海中にも体を休め、気分転換もしてもらえるようにするのは、私たちオカにいる者の義務です。だいいち、一隻の船の建造費が八〇億円も一〇〇億円もする中で、いくつかの椅子を革張りにする費用なんてたかがしれてるじゃないですか」でした。

上陸

港にいる時間が数時間しかなくても、そこが危険な場所でなければ乗組員は替わり合って上陸します。第一の目的は、もちろん家族へのおみやげのハンティングです。船ですから多少大きなものでも運べます。

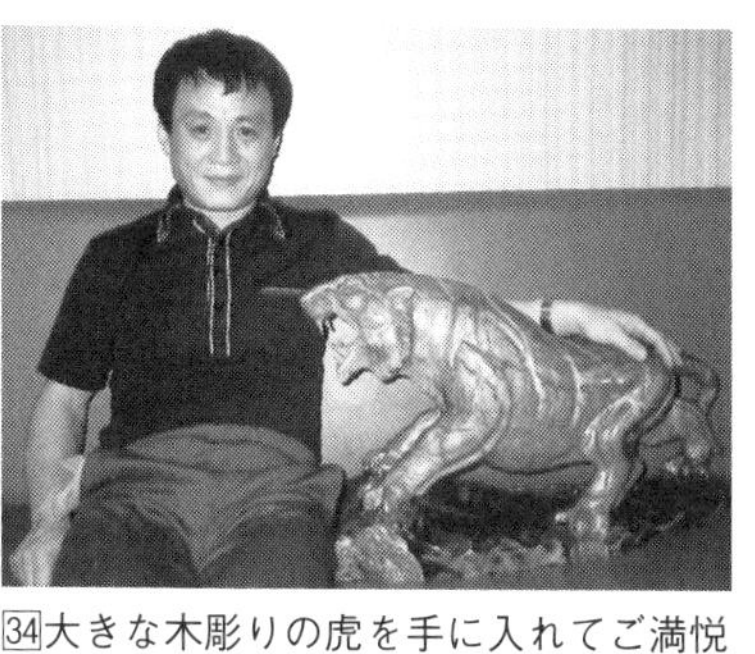

34 大きな木彫りの虎を手に入れてご満悦の日本人二等機関士のT・Iさん

北米西海岸であれば、ダンボール入りのハニーデューメロン、オレンジ、グレープフルーツ、それに美味しいカリフォルニア米、オーストラリアであれば上等の毛布、それに大きな塊の牛肉などなど。シンガポールで、お嬢さんにカメオのペンダント、奥さんにはオーストリッチのハンドバッグを確保して一安心し、息子さんへのものが見つからなくて焦っている人もいました。一般に男の子へのおみやげ探しは難しそうです。

おみやげのめどがつけば、次はその土地土地の美味しい食べ物です。たとえばギリシャのアテネの外港ピレウスなら、季節にもよりますが山盛りの生牡蠣、生蛤（はまぐり）、茹でた海老、それに尾頭付きの塩焼きの鯛などがお目当てです。さらにラッキーなことに時間が残れば、名所見物といったところでしょう。

では何日も停泊していたころはどうだったのでしょうか。それを知る手がかりの一つは、私が五〇年以上も前にいただいた一枚の絵葉書です。欧州航路の貨物船の次席三等機関士になったばかりのH・Yさんからの絵葉書の文面は、「僕はいま憧れのパリにいます。そうです、パリにいるのです。ルーブル美術館にも行ってきました。マルセーユに入港したので一等機関士にお願いして無理に休みをもらって汽車でやってきました。（後略）」でした。彼は芹沢光治良の愛読者で、著書を何冊も船に持ち込むほどの人でしたから、初めてのパリに感動してこんな絵葉書をくださったのでした。TGVなんて高速列車がなかった当時のことを、手元にある古いトーマスクックの時刻表で調べてみると、マルセーユからパリまで、特急でも八時間強もかかったようです。パリにいる時間より列車の中にいた時間のほうがきっと長かったでしょう。でもこんなことができた時代もあったのです。彼はこの絵葉書を書いてから二〇年ほどして機関長となり、やがて名機関長とまで呼ばれるほどの存在となって、豪華客船の機関長まで務めました。その後、ホンコンにある系列の会社の社長を何年も務め、勇退した今なお新しく建造する船の設計・建造コンサルタントとして世界を飛び回っています。

こんな上陸も楽しめたころとは時代がすっかり変わり、停泊時間は時間・分単位となりました。それでも市街地に近い岸壁であれば、先に書いたように替わり合って上陸することもなんとかできます。でもタンカーでは、市街地からほど遠い砂漠にある港から沖に向かって突き出たパイプ桟橋での時間・分単位の停泊ですから、土に足をつけることすら難しいのです。つまり今日は、上陸してリフレッシュするのではなく、ドイツの海運会社の海務部長W・Pさんが言うように、「航海中に余暇を楽しめるように」という時代になっているのです。それだけに海運会社としての配慮が必要ですし、乗っている一人ひとりの知恵も大切なのです。

（1）広野八郎『華氏140度の船底から――外国航路の下級船員日記』上下巻、太平出版社、一九七九年
（2）葉山嘉樹『海に生くる人々』岩波文庫、一九五〇年（一九二六年発表）
（3）大橋信夫ほか『欧州諸国における将来の船員制度の調査・研究の実態』海上労働科学研究所、一九七四年
（4）大橋信夫「社会―技術的状況の変化と生産組織のデザイン――商船乗組員組織を例に」『人間工学』第三四巻第六号、一九九八年

第8章 家族とのこと

1 遠く離れた家族との交流

碇、いかりは誰にも見えない海の底で泥をかぶってじっと船を守っている。

船員は一般の人の目のとゞかない所で、家庭からとおく離れて、風浪とたゝかい、油と汗にまみれて、日本経済の大動脈を動かしている。船員は日本という船を守る碇である。海というところは不思議な魔力をもっている。海にいる時はむしょうに陸が恋しく、非情な海に向かってあらゆる悪態をつきたくなる。ところが陸へ上がってみると、海の暴力も非情もすっかり忘れ果てゝ、海恋にふけるのである。海にあっては家を恋い、家にあっては海を思って心落ちつかぬのが、船員の宿命とでも云うものであろう。(1)

これは、日本はもとより世界でも初めて船員の労働に関する研究を始め、やがて海上労働科学にまで発展させた西部徹一博士の最初の著書の自序にある言葉です。ご自身が船員として働いた体験をおもちの先生が万感の思いをこめて書かれたのでしょう。

ここにある「家庭からとおく離れて」という指摘は、その後、多くの調査研究の結果から「離家庭性」という表現となって、海上労働の特徴の一つとして位置づけられました。

本章では、その家族との関係を垣間見ることができる手紙、電話、そうしてユウキュウと、なんとも嬉しい響きをもつ有給休暇などについて紹介します。

家族からの手紙

入港のときの楽しみのうちで最高なものは手紙、それも家族からのものです。入港してまもなく代理店、あるいは支店の人が船に手紙を届けてきて、それぞれに配られます。

ニューヨーク航路のK丸での様子を紹介しましょう。

K丸は乗組員が二六名で、そのうち結婚している人が二三名、婚約者がいる人が一名、独身者が二名であるが、その独身者を除いて、各地で少なくとも一通、多い人は三通ぐらい受けとってご満悦である。この航路では、往航のパナマ、フィラデルフィア、ニューヨーク、セントジョン、復航のパナマの合計五回チャンスがあり、このチャンスを活かさない家族はほとんどいなかった。

入港しても手紙を受け取れなかった人が、帰りのパナマで一人いたが、大変ご機嫌ななめで、パナマを抜けて太平洋側にでて電話が通じるようになるとすぐ電話していた。三分間一〇五〇円の料金を払って。この人は船内ではかなりの年配で五三歳である。

「いえ、ちょっと心配なことがあったもんでね」と一見深刻な様子ではなしていたけれど、それは照れかくしでもあることは次に続く話からよくわかる。

「ウチのやつ、電話にでてきて、とたんに〝ゴメンナサイ〟って、私がなにも言わないうちに言いやがってね。一日間違えたんですよ。いつも日本出る前に、何処宛は何日迄に出せってメモ残してくるんですけど、それを間違えたんですよ。別になんもないとは思いますけど、来るはずの手紙が来ないと、何かあったんじゃないかって心配になるんですよ。心配？そりゃーやっぱり怪我とか病気ですね。前にも一度手紙が来なかったとき、私がドナッタんでね、アイツ、私の声を聞いて、ゴメンナサイときたわけですよ。エッヘッヘ」

手紙を受け取ると、ニッコリ胸のポケットへしまいこんで一日中持って歩いてる人もいる。夕食が終わってから、いつもはゆっくりオシャベリしている人が「愛妻からの手紙をゆっくり読みますんで、今日はお先に。ハイ」などと、席を立っていったりする。こういう人はむしろ年配者に多いようで、若い人の方がかえって嬉しさを隠して特になんでもないように装っている。事務室で荷役事務をやっている最中に受けとって、さりげなく「ありがとう」とは言いながら、いったんはポケットにしまいこんだ若い航海士が、上司の一等航海士に「君、いいよ、遠慮せんで読みなさいよ」と声をかけられて「そうですか、じゃ、ちょっと」とニヤニヤしながら開いたりもする。

家族のことを想い、家族を大事にする船員の心情は、手紙を受けとったときにこんなふうにさまざまなかたちで表面にでてくる。

四二歳の操機手のS・Fさんは、

「ウチの小学生の坊主が、鉄棒のサカ上りがやっとできるようになったらしいですよ。ほら、この手紙見て下さいよ。ね、この絵（鉄棒にブラ下がっている絵が描いてある）。いえ、ウチの坊主はできんかったんですよ。それで、この間、東京を出て来るとき、私が〝練習すれば必ずできるようになる。頑張ってやってごらん。お父さんもオフネで頑張ってオシゴトしてくるからね〟って言ってきたんですよ。だから、ほら、こんなに報告してきて、それで見てくださいよ。ここ、〝ぼくはさかあがりができるようになりました。だからおとうさんもがんばってください〟って書いてあるでしょ。それは、こんなことがあったからなんですよ。こっちはね、その下の女の子の方なんです。まだ字が書けないので、女房が書くんですよ。まあ、口述ってやつですね。普段は、ほとんど女房からです。ほら、女房のやつ、こんなこと書いてるでしょう。〝今日は、子供達にスペースを譲ってやりましたので、これでおしまいになりました。また〟ってね。これで、今度は返事が大変ですよ。だから、字を間違えるわけにはいかないので、こうして辞書も持ってきてるんです。まあ、いくつになっても手紙のやりとりは楽しいですよ」

三三歳の別の操機手のS・Tさんは、封筒に書かれている数字を示しながら、こんなふうに話してくれた。

「この数字なんだかわかりますか。これ生活の知恵なんですよ。出した手紙の順番なんです。この航路ではコンテナー船で寄港地も入港予定も、それから代理店などもしっかりしていますからまず確実に手紙を受け取れるし、こっちから出した方も大丈夫です。だから問題ないいんですが、これが在来船だとかトランパー（航路や寄港地が定められていない不定期船のこと）になると、日程はしょっちゅうかわる、寄港地はかわる、で、手紙のやりとりがうまくいかんのですよ。あとから出したのが先についたり、どれかが抜けちゃったりね。そうすると困るんですよ。日常のことならまあいいんですが家・土地・進学なんかのことで、女房だけで処理しきれんようなことを手紙で相談するわけですが、順番が狂うと、こっちの応答も的をはずれたものになっちゃったりするわけです。それで事がうまく進まなかったり、変な感情のゆき違いで、せんでもいい喧嘩をしたりしてね。前に一度そんなことがあったんで、こうして、どっちもナンバーを入れることにしたんです。だから、生活の知恵ってわけですよ。長い航路やトランパーとなると互いに心配事はふえるし、それでいて手紙がスムースにいかないんですからね。会社でもいろいろと対策をたててやってはくれてますけれど、まだまだですね。その点、この航路はいいですよ」

1 機関室で作業中に手紙を受け取ってご機嫌なフィリピン人二等機関士のE・Uさん（29歳）（右手前）たち

この話からすると、船員にとって最大の楽しみでもあり、かつ重要なコミュニケーションの手段でもある家族との手紙のやりとりがままならぬ面が残っているようである。

なお、多少関係があるのである四〇歳の既婚者が独身の若い

[2]至福のひととき——家族からの手紙を読むドイツ人二等航海士のJ・Bさん（38歳）

[3]開封しながら思わず頬がゆるむドイツ人SBM（第5章2節参照）のH・Cさん（48歳）

機関員に語っていたことを紹介して船員の家政上の問題の一点にふれておこう。

「○○！　彼女から手紙来たか？　そうかそうか。オイ、女の子とつきあうのはいいんだが、悪いことしたらあかんぞ。船乗りの女房はな、外務、大蔵、文部、建設、厚生、その他一切のことができんとあかんのだ。それに丈夫じゃないとあかんしな、オトーチャンは総理大臣としてせいぜい基本方針を打ち出すことしかできんのだからな。船乗りの女房は苦労が多いからしっかりしたんでないとつとまらんのだ。だから、悪いことしてゆきがかり上、なんてことで変なのと結婚したらワヤ（大変）だぞ(2)」

このあとは、「わしんとこはな……」と、オノロケが続きました。

これらは一九七三年にニューヨーク航路のコンテナー船に乗っていた日本人の話ですが、写真[1]～[3]からもうかがえるように、フィリピン人でもドイツ人でも心情は同じです。

表1　神戸港停泊中に故国に住む奥さんや両親に電話をした人たちの様子

日付	電話をした人	年齢	時間（分）	相手先都市	料金（円）
6月22日	一等機関士 C・H さん	39歳	7	Rhauderfehn	7,560
	機関員 P・S さん	24歳	6	Hamburg	6,480
6月23日	機関長 K・S さん	47歳	3	Hamburg	3,240
	機関士助手 W・G さん	28歳	10	Bremen	10,800
6月24日	甲板員 T・R さん	21歳	5	Guenzach	5,400
6月25日	一等航海士 G・S さん	44歳	4	Bremen	4,320
	船長 G・B さん	52歳	4	Ritterhude	4,320
	機関員 M・F さん	32歳	7	Aschaffenburg	7,560
	二等航海士 J・B さん	38歳	6	Leer	6,480
6月26日	一等機関士 C・H さん	39歳	4	Rhauderfehn	4,320
	機関員 J・R さん	34歳	7	Friedrich Haven	7,560
	機関士助手 M・M さん	28歳	9	Hamburg	9,720

家族との電話

技術が進歩する中で電話も使えるようになり、入港しても手紙を受け取れなかった人が、パナマを抜けて太平洋側に出てすぐに家に電話をしていたことを前項で紹介しましたが、航海中にかけると料金が非常に高いので、まずはかけません。それは日本人だけでなく韓国人もフィリピンも同じです。ドイツ船の二等航海士のJ・Bさんは、「さぁ、日曜日の挨拶をするか」と言って航海中に奥さんに電話していましたが、こういうことは非常にまれです。

一方、岸壁に着岸すると船内の事務室に臨時の電話を架設することがあります。これを利用して航海中に比べれば多少は安い国際電話を停泊中にかけることもあります。

表1はそんな電話を使って、西ドイツのコンテナー船の乗組員が神戸港停泊中に家族に国際電話をかけた記録です。相手はみな奥さんか両親です。一九七八年に東京からハンブルクまで三〇日間乗船して調査したときに得た資料ですが、ずいぶんと高い料金を払ってでも直接話をしたい様子がよくわかります。ちなみにこのときは、かけたけれども相手が出なかった人が四

人、七件あって、どうやら次の寄港地であるポートケランからかけ直したようです。

日本の港では韓国人もフィリピン人も利用していました。

停泊中に家族と会う

家族から届く手紙に大喜びする乗組員の姿を少し紹介しましたが、この項では乗船中でも港に停泊中に家族と会えるチャンスについて紹介します。

家族とゆっくりと一緒に過ごせるのは、下船して有給休暇を楽しむときだけです。でも乗船中でもチャンスがないわけではなく、いくつかあります。ゆっくりと、ではありませんが。

まずは、港の近くに家族が住む自宅があって、さらに大変にラッキーなことに、その港に定期的に寄港する船に乗船できた場合です。たとえば、横浜港の近くに家があって、その船が横浜港に定期的に寄港する場合には、停泊中にちょっと帰るのです。ちょっとです。一晩も家で過ごせるチャンスがあれば、それは本当にラッキーなことです。

もちろん入港中も仕事はあるわけですが、まわりの人たちが「あんた、家があるんだから遠慮せんとええがな、それワシがやっとくから」と言って、わずかな時間でもなんとか帰れるように配慮したりもします。横浜港に入ると神戸港周辺に住む乗組員が余計に仕事を引き受け、神戸港に入ると今度は横浜組が仕事を引き受ける、なんてことも見られます。お互いに家族が大事だし、家族に会いたい気持ちがどれほど強いか知っていますから、そんな心配りをするのです。規則のうえからはいささか問題がないわけではないとしても、どこかでちゃんと埋め合わせをするのです。それも自主的に。

第二は、港に停泊している船を家族が訪れる、いわゆる面会です。奥さんが働いていたり、子どもが小さかったり、年老いた親の世話があったりするとなかなか難しいので、そう頻繁というわけにはいきません。遠くからの往復の移動時間や経費を費やしても、会えるのはわずか数時間となれば、なかなか難しいことです。でも家を建てるときや、子どもの進学など、手紙や電話ではなく、夫婦が直接しっかりと話し合うことが必要なときは、無理をすることだってあります。

第三は、ドックで一緒に過ごすことです。船は、車でいえば車検にあたる二年に一度の中間検査、四年に一度の定期検査を受けることが義務づけられています。日本に帰ってきた時期がこれに当たれば、どこかの造船所、たいていは建造した造船所に行って検査を受けます。ドライドックに入って、電力も陸上から供給され、すべての機器は停止し、必要な点検・修理を終えて定められた検査を受けます。ですから受検のことを「ドック」ともいいます（31頁で解説したとおりです）。

④釜山の岸壁のゲートまで奥さんが迎えにきた韓国人司厨長のB・Cさん夫妻

建造後の年数などによって異なりますが、検査には一週間から二週間かかります。この点検・修理には、造船所の技師や職工があたりますが、乗組員ももちろん大忙しです。この間に家族を呼び寄せるのですが、その場合、造船所の敷地内や近くにある通称ドックハウス*と呼ばれる宿泊施設が利用されることが多いようです。家族を呼んだ乗組員は、このドックハウスから毎朝家族に送られて「出勤」し、船で整備作業に従事して夕方に「帰宅」するという、いつもとはまったく違う生活になるわけです。ドックハウスにはたいていキッチン（またはキチネット）がついていて、ある程度の炊事もできますから、朝夕は家族が用意してくれた食事をともにすることができます。

家族と一緒に航海

まれにですが、家族を便乗させて一緒に航海することもあります。

海で働く人たちには、「一度は家族に船を見せたい」「ふだん働いている様子を見せたい」と考える人は少なくないようです。家族のほうにも、夫や父親の船を一度は見てみたいという気持ちが当然あるわけです。

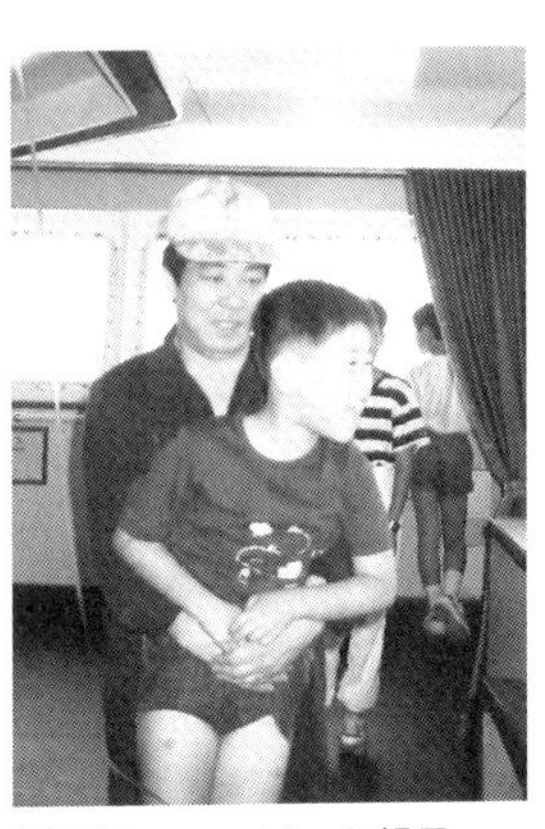

5 船橋のハッピーな親子

日本船であれば日本国内を航海しているときがチャンスですが、実際にはなかなか難しいようです。ですから実例を見ていると、子どもが小学生くらいで、寄港する日もあらかじめはっきりしていて、それがちょうど夏休みなどと条件が合ったときに、「チャンスを逃さずに」といった感じで実現させているようです。

来船した子どもたちは、まずは岸壁に係留されている船を目の当たりにし、見上げるその大きさに目を見張ります。その後、乗船するために登る長いタラップでその大きさを実感し、お父さんの部屋の広さ（実は狭さ）に驚き、船の食事をご馳走になって、日ごろのお父さんの生活の一端にふれるのです。また、大汗をかき、爪は真っ黒、目もアイシャドウを施したかのごとく見える真っ黒な目で部屋に戻ってくるお父さんを見て、仕事の大変さを実感するのです。

【ドックハウス】 ドックとは、もともとは船の建造・修理などのための設備や施設の総称ですが、単にドックというときは、通常は乾ドック（ドライドック）を意味し、船全体を水に触れないようにできる施設のことを指すようです。

船は造船所で建造されるわけですが、最後の仕上げ段階にはその船の就航後に乗組員として乗船する船員が艤装員（船が完成して船主に引き取られるまでの呼称）として着任して、運航に備えます。船長や機関長の予定者は建造段階の比較的早い時期に着任し、完工するころには全員が着任します。日本では、船長予定者は艤装員長、機関長予定者は副艤装員長と呼ばれます。これらの艤装員やその家族が寝起きする施設がドックハウスです。

建造時だけではなく、大規模整備や船舶検査でドック入りした船員もこの施設を使います。大修理や検査のときには、新しく建造しているときと同様に、船の発電機やボイラーなどエネルギー源が機能していなくて生活インフラがまったくありません。したがって乗組員は船では生活できないため、こうした設備が必要なのです。造船王国として賑わっていたころの日本の造船所では、たくさんの外国船を建造していましたし、その後の修理や検査で活気に満ちていて、ドックハウスもいろいろな国の船員で賑わっていました。もっともそのころには、「日本人用のものより外国人用のドックハウスのほうが環境も設備もよい」という日本人船員の嘆きの声も聞かれましたが。

⑥海図室で一等航海士のお父さんが英語で航海日誌をつける様子を見る

そんな子どもや奥さんの様子を見ることは、お父さんにとってもちろん嬉しいのですが、実は大変な面もあります。家族が来ているからといって、休みになるわけではありません。仕事はふだんどおりあるので、家族の様子を気にしながらの仕事になるわけです。とりわけ交替勤務にあたる人は、ふだんなら眠る昼間の時間も、部屋に家族がいるので眠れません。また当直が終わる夜中には、当然もう子どもたちが眠っているので、音を立てないように部屋に戻ります。そうして、そぉーっと着替えをして、でもベッドは家族に提供しているので、自分はソファーに横になる、ということになります。ベッドには奥さんと小さい子、ソファーにはちょっと大きい子が眠るようなときには、床に敷いた毛布の上で眠ることになります。

家族のほうだって結構大変です。いわゆるシングルベッド・サイズで、しかも落下防止の枠がついている狭いベッドに一緒に寝る子どもも奥さんも、どちらも相当窮屈な思いをします。ソファーに寝ている子どもが落ちて、みんなが目を覚ましてしまうことだってあります。それでも家族が一緒にいられる時間は至福のときです。ですから条件が許すかぎり、機会さえあれば家族を呼び寄せて絆を確かめ合い、一緒にいられる喜びを分かち合うのです。

ただ、日本船では制度的には確立されていないため、家族の便乗は実際にはなかなか難しく、船長が寛容で、本社も目をつぶってくれるような場合だけ実現できるようです。

それに対して、私が一九七八年に乗船調査した西ドイツのHK号の会社では、家族の便乗が制度化されていました。いつでもどの航路でも奥さんを乗せることができ、食費として一日五〜六マルク（当時は約六〇〇円）を負担することと、保険を自分で掛けることが条件でした。でも子どもは、三歳以上に限り、西ドイツ国内の港を走っている間だけ認められていました。これを奥さんと同様に、どの航路にも認めるよう会社が検討しているとのことでした。なお、以前は西ドイツでも家族の乗船は認められなかったのですが、離職者が多いことへの対策の一つとして、一九六六年から始められたそうです。ここで、家族便乗に関するドイツ人の乗組員の声を紹介しましょう。

一等航海士のG・Sさん：前々航は一等機関士のC・Hさんが、前の航海は通信長のG・Vさんが奥さんを乗せました。こういう場合には、子どもの世話をおじいちゃん、おばあちゃんに頼むケースが多いようです。でも、子どもが学校に行くようになると、おじいちゃん、おばあちゃんがいてもなかなか難しいですね。でも、どうして日本船は駄目なんですか？

二等航海士のJ・Bさん：私は結婚して一週間目に乗船したのですが、ワイフを連れて行ったので南米航路が新婚旅行でした。もちろんワイフが来たからといって部屋を別にとるわけではありません。部屋の掃除はワイフがするようになるから、スチュワーデスにとっては、かえって都合がよいのです。（そばでそれを聞いていた部屋掃除を担当するスチュワー

7 南米航路が新婚旅行だった二等航海士J・Bさんの奥さん（右）。東京港停泊中に当時中学生の私の娘から折り紙を教わっているところ

デスのY・Hさんが「そのとおり！」と笑っていました）

食事だって少々人数が増えても、つくる手間は何も変わらないですからね。日本の会社だって、そのうち必ずやるようになると思うし、またやらねばならないんじゃないですか？

J・Bさんが三等航海士として乗船していた船が、ジャマイカを出て本国に帰るように走り出して二日たったところで、便乗していた二等航海士の奥さんが病気になり、引き返して病院に入れたこともあったようです。船会社にとっては決して小さくはない損失を被ったわけですが、それでも家族便乗制度は維持されました。

私が乗船したHK号の記録を見ると、一九七二年一一月の処女航海以来、私が乗船した一九七八年六月までに、日本とドイツの間をすでに三二回航海していますが、家族が乗っていなかったのは五航海のみで、あとは必ず誰かが乗っていました。多いときには、同時に三人も乗っていたこともありました。この制度は活かされているようです。

私はハンブルクで下船したあとも、調査中に仲良くなった乗組員が東京港に入港してくるたびに会いに行っていました。その後、一等航海士に昇進したJ・Bさんは、私が乗船して初めて出会った八年後の一九八六年に奥さんとともに東京港に来ました。写真7はそのときのものです。

ちなみに、ドイツにこういう制度があることを知ったのは、私が乗船した翌朝に船長のＧ・Ｂさんがしてくださったこんな話からでした。

「大橋さん、よく眠れましたか？　この船は同じフロアーの防音対策はよくできていますが、上下が駄目なのです。前航に一等機関士Ｃ・Ｈさんの奥さんが乗ったのですが、毎朝六時に目を覚ましていたそうです。部屋の一階下がギャレーで、司厨部が六時から仕事を始めますから。どうも上下方向の防音対策は難しいらしく、お金もかかるので船主はあまり熱心ではありません。でも、だんだんによくはなっていますが」

つまり、船長は遮音の問題を話してくださったのですが、その中にあった「奥さんが乗ったのですが……」という言葉をきっかけに調べて回った結果、この制度を知るようになりました。調査方法にも関連することですので、最後にちょっと付け加えました。

2　家族と本当に一緒に過ごせる有給休暇、ユウキュウ

前節で、乗船中でも家族に会えるチャンスがあることを紹介しました。日本と外国との間を就航している船なら、こういうこともできなくはありません。それでも、下船して船の仕事から完全に解放されて家族とゆっくり過ごせる有給休暇を楽しみにしています。とりわけ外地と外地を不定期で結んでいる船、これは三国間輸送と呼ばれますが、このタイプの船の乗組員と

8 わが家のある釜山で下船する韓国人甲板長のC・Jさん

その家族は下船して帰国するまでは会えないのですから、有給休暇をひたすら待ち望むのです。

本当にゆっくりと過ごせるのが有給休暇です。乗組員たちの会話に登場する「ユウキュウ」という言葉は、休暇前は「今度のユウキュウでは……」と、喜びと期待をこめて使われ、休暇が終わるころには「まもなくユウキュウが終わるから……」と、淋しさと次の乗船への不安のような思いをこめて使われるようです。

乗組員はある一定の期間の乗船勤務をすると、有給休暇をとる権利が得られます。この一定期間は、会社によっても時代によっても変わります。戦前はこの権利が必ずしも明確ではなく、二年も三年も乗っていたことがあったようですが、戦後はそんなことはなくなりました。そうして、半年とか一〇ヵ月で一ヵ月以上、有給で休む権利が得られるようになりました。権利が得られると楽しみなのは、日本に近くなると届く休暇下船を知らせる会社からの電報です。その電報が届いた折の船内の様子を次に紹介します。

内地に入港する四日前の一二月七日（金）の午前四時一〇分に一八〇度の日付変更線を通過したその日の夜に、交替電報が届いた。この数日、何度か食事の際、話題に上っていたものである。申請どおり、今回は八名。一等機関士、二等航海士、通信長、操機長、司厨手、

9 交替電報を受信した二等通信士のH・Sさん

10 川崎港で下船する韓国人二等機関士のB・Jさん（右）。井州市（釜山から列車で約4時間）のわが家へ。敬礼して見送るのは三等機関士のH・Mさん

司厨長は神戸で、一等航海士は東京で、ということになっている。二六名中八名だから約三分の一が交替下船する。休暇制度が、漸次、改善されるとともに、休暇に対する考え方も変わったため、権利を得れば、会社に申請し、会社は申請があれば、認めるというようになっている。

三九歳の一等機関士M・Oさんの次の言葉は、その意義を明らかにしている。

「在来船とちがって、専用船、それも自動化だ、Mゼロ*だという船では、全く息を抜く間がありません。毎日を全力投球しなければだめなんです。そうすると半年が限界です。この船はいい船です。いい人たちばかりです。私は横浜に住んでいるので五〇日に一度は必ず家にも帰れます。だけどやっぱり私は疲れました。これ以上乗っていたら何か起こすかもしれません。だから、今の時代は、乗っているときは、全力投

【Mゼロ】 第3章3節で紹介したとおり、夜間は機関室における当直をなくす運転方法（Machinery Room Zero）のことで、機関の夜間無人運転と呼ばれることもあります。

⑫ハンブルク港で下船するドイツ人MPCのR・Sさん（右）。Herfen（ハンブルクから440km）のわが家へ。同僚のMPCのH・Lさんが荷物を運んであげている

⑪横浜港で下船するフィリピン人操機手のW·Cさん（右端）。Queson City（マニラ港から約10km）のわが家へ

球をする、そのかわり（休暇の）権利がついたらさっさとおりて、家で頭もからだも休ませる。そうして、また、次の船で全力投球する。こうしたやり方をすべきです。まあ、本当に半年がいいとこです」

五三歳の通信長T・Tさんの次の言葉も興味深い。

「いやー、乗っとったって、別にどういうこともない、別に疲れてもいないと思っとったんですが、おりられるとわかったとたん何かガックリきちゃったですよ。やっぱり疲れてんですね。船にいれば、本当に休めるってことはないんですね。船にいて、オカの生活の良い点を想い、それでいて休暇で二ヵ月もオカにいれば、また船の良さを想い出してくる。そして、また、乗れる。休暇があるから、こうして何年も乗ってられんですよ（まさに本章冒頭で紹介した「船員の宿命とでも……」という西部先生の指摘そのものです）。あー、早く神戸に着かんかな。スピードなんか落さずに早く行きましょうよ、エヘッヘッへ……」

三七歳の司厨手T・Kさんの話。

「エー、ソリャーモー、あと四日すればオカーチャンのトコ

です。私はね休暇中、オカーチャンと買物一緒に行くんです。スーパーへね。そうせんとね、新製品やなんかわからんでしょ。何が今安いかということもね。そうしてね、次に乗船したとき使ってみたりするんですよ。家では、メシ作りなんかしません。オカーチャンの作ってくれたものが一番です[2]」

このT・Kさんの奥さんではありませんが、かつてこんな話を聞かせてくれた奥さんがいました。「ユウキュウで家に帰ってくると、いつもはじめのうちは夫が私の料理は〝味がない、味がない〟と言うのです。ですからいつもより塩味を強めにします。すると子どもたちからはいつもよりしょっぱいと言われますが。でも一ヵ月もすると今度は〝ちょっとしょっぱいのでは〟と夫が言いだすのです。やはりずっと船で働いていると疲労が溜まっているのですかね」。

この話を友人の労働衛生学者に話したら二つの点で驚いていました。一つは「その奥さんの観察眼はすごいよ」で、もう一つは「船員の有給休暇が長いのはそれだけの意味があるんだ」でした。

(1) 西部徹一『日本の船員——労働と生活』(労働科学叢書16)労働科学研究所、一九六一年

(2) 大橋信夫・青木修次『新鋭高速専用船における生活と集団機能との関連について——ニューヨーク航路コンテナー船乗船調査報告』海上労働科学研究所、一九七五年

第9章 戦争と船員

労働は人々の日常的な営みです。海で働くことは船員の日常的な営みです。でも、日常的な営みであるはずの船員の労働を異常な危険状態に追いやるものがあります。それは「戦争」と「海賊」です。前章まではすべて私が直接観察したことに基づいて書きましたが、この章では戦禍について、被害を受けた海運会社の社内報、当時の新聞記事、体験者の話などに基づいて書きたいと思います。

1 全焼したN社のY丸

一九七三年一〇月六日（土）、日本人が三六名乗り組んで、地中海航路に就航していた一万四六七総トンの日本の高速貨物船Y丸（一九六三年建造）が、シリアのラタキヤ港で荷役中に第四次中東戦争がぼっ発しました。そのため荷役が終了しても港湾当局から出港許可が下りず、それどころか九日（火）には岸壁を離れて堤防から約一海里（約一・八キロ）の港外に投錨するように命令され、無線も封鎖されました。翌日の一〇日（水）には、双方のミサイル艦が対艦ミサイルを発射するという史上初のミサイルによる海戦がラタキヤ沖で展開されました。

その影響で、一一日（木）の深夜一時半に飛来したミサイルが、Y丸の左舷に命中爆発して火災が発生しました。被弾した場所は中央部で、居住区の少し前の船艙だったため、乗組員は幸い全員無事でした。あと少し船尾側にずれていたら居住区がまともにやられ、多くの犠牲者が出たかもしれません。さっそく消火活動にあたりました。でも頭上では砲弾が飛び交っていますし、ミサイルに入っている油性物質のせいか火は消えにくく、船艙内には煙が充満して中毒の恐れもありました。それでも懸命に消火活動が続けられましたが、お昼近くになって風向きが変わり、波も高くなって破孔から海水が浸入し、船体が傾斜し始めました。昼食の用意に並べてあった食器が全部テーブルから転げ落ちたほどでした。やがて機関室にも浸水して、発電機が停止して消火ポンプが使えなくなるにおよび、やむなく救命ボート二隻に分乗して全員が陸上に避難しました。船長のM・Sさんは「いくらでも払うから」と言って港湾当局に消防艇の出動を要請しましたが、実際に小さな消防艇が来たのは四時間後！　その間に火勢は船橋の上まで広がっていて、消火を断念せざるを得ない状況になっていました。

船長以下全員、着の身着のままで、とりあえず代理店が用意したホテルに入ったものの、船を失った乗組員を次に待っていたのは、「ここからどうやって帰国するか」という大問題です。もちろん、この船を運航する会社の最高幹部たちは、被爆の知らせを受けてすぐに外務省と運輸省に出向いて、戦闘地域であるラタキヤから安全な地に乗組員が移動できるように、外交ルートを通じて至急取り計らってほしいと要望していました。

船長は、ダマスカスの日本大使館などと連絡をとり、まずはトルコへの脱出ルートと脱出方法の確保に必死に取り組みました。結局、船長自身の判断でトルコへの最短のルートを選び、代理店にバスを用意させました。

一方、事務長のK・Mさんはシリアからの出国許可を取り付けるのに奔走しました。「外国人の出国は禁止されている」と門前払いを食わそうとする当局と粘り強く交渉し、最高幹部と直談判してなんとか許可書類を手にし、仲間の全員がすでに乗り込んで不安な思いで自分を待つバスに飛び乗ったのは、船長が予定した出発時刻を一〇分ほど過ぎた一三日（土）の午後一時四〇分でした。事務長のK・Mさんの素晴らしい努力が実ったのです。

バスはすぐに出発してほぼ海岸沿いに北上し、約二時間後に国境を越えてトルコに無事に入国できました。この日はイスケンデルンという町に泊まり、国際空港のあるイスタンブールに着いたのは、翌日の一四日（日）の夜の九時半でした。こうして、荷役が終わってから過酷な八日間が経過した一六日（火）に空路日本に向かい、成田に全員が無事に帰国したのは、一七日（水）の夜のことでした。

帰国の際には、会社の最高幹部たちも空港に出迎えましたが、そこで見た乗組員の姿は、風邪を引かぬ程度の服装で、手にはヘルメットとライフジャケット。どう見ても避難民の痛々しい姿であったそうです。

日常的な営みであるはずの労働の場でも、船員の場合にはこんなことが起こるのです。

なお、私はこの事件の三年後に、このY丸に甲板員として乗船していたK・Aさんと出会いました。第2章で実際の航海の例として紹介したI丸に甲板手として乗船していたのです。K・Aさんからは当時のいろいろな話をうかがうことができました。

2 操機長が犠牲となったO社のNA号

Y丸ではミサイルが命中爆発しても幸いに全員が無事でしたが、犠牲者が出た例もあります。それは日本人とフィリピン人二五名で運航する混乗船である三万二五三四総トンのコンテナー船のNA号で、一九八五年二月一八日（月）に起きてしまいました。

ペルシャ湾のほぼ中央に位置するバーレーンを出港してアラブ首長国連邦のアブダビに向けて南下していたNA号は、突如国籍不明（その後の調査でイラン機と考えられています）の戦闘機からロケット砲撃を受けました。第一弾は乗組員が暮らす居住区のすぐ前の船艙口に、第二弾は居住区の左舷後部、第三弾は右舷の二等航海士の部屋に、第四弾は居住区のすぐ後ろの船艙の喫水線付近に命中しました。午後の四時五分のことです。

この第二の砲撃によって、クレーンの点検をしていた四九歳のベテラン操機長のK・Fさんが即死状態で犠牲になってしまいました。一方、自分の部屋を直撃された二等航海士は、当直を一等航海士と交代した五分後だったためまだ船橋にいました。あと数分すれば自室に戻って着替えでもしていたころですから、きわどいところで命拾いできたともいえましょう。

乗組員は、砲撃を受けてすぐに発生した火災の消火に努め、夜の一〇時ごろにはなんとか鎮火させることができました。幸い主機関は無事だったので、鎮火後に航行を続けようとしたのですが、無線室も全焼したため通信不能状態でしたし、機関室から船橋に至る電気系統が焼損し、レーダーももちろんすべての航海計器が使えなくなったので、船の位置を正確に把握できません。そこで浅瀬の多い海域を避けるために、行き先を変更してドバイ港に向かいました。速度を調整するために欠かすことができないテレグラフ（船橋と機関室とで速度について連絡する機器のこと。45頁で解説しています）も使えないため、臨時に敷設した電線を使った応急的な合図を用いるなど、きわめて困難な航海を余儀なくされました。さらに、なんと自船の進路や位置すら北極星を使った昔ながらの天測で確認しなければならなかったのです。

それでも船長以下全乗組員の結束した活動によって、一九日（火）の朝八時近くにドバイの港外に到着しました。こうして危機を脱出できた船長以下乗組員一同は、一安心はしたものの、文字どおり寝食をともにした仲間のK・Fさんを失ってしまっていたので、無事を心から喜ぶ気にはなれなかったのも当然のことでした。K・Fさんは、日本から急遽ドバイに駆けつけた夫人に守られながら、二二日（金）の夕方、多くの関係者が待つ成田空港に無言の帰国をしました。

船員の日常的な営みであるはずのものが、このように直接的に戦争の影響を受けることも少なくはありません。最近ではテロや海賊からの危険も高まっています。二〇一〇年七月には、日本の船会社が運航する一六万トンのタンカーが、ペルシャ湾のホルムズ海峡で被弾し、怪我

1戦没船員の碑が建つ観音崎の丘

2戦没船員の碑

人は出ませんでしたが、船体に大きな歪みを残しました。原因は明らかとはなっていませんが、テロによるものではないかといわれています。

　二〇一九年六月にも日本の海運会社が運航するパナマ船籍のケミカルタンカーとノルウェーの海運会社が運航するマーシャル諸島船籍のタンカーが被害を受けました。詳細はまだわかっていませんが、日本のタンカーは船体に穴が空き、ノルウェーのタンカーは火災を発しました。幸い両船とも乗組員は全員無事と伝えられています。

　戦争は船員にとって最大の危険です。とりわけ自国が戦争を始めれば、船員は動員され、軍事輸送に従事させられ、戦火の海を航海しなければなりません。先の大戦でも、戦没した汽船船員数は六万四三二人（厚生省引揚援護局資料）で、その死亡率は三〇・一四％にもなるといわれています。この船員の死亡率は二一・八％といわれる陸海軍の軍人の死亡率をはるかに超えています。詳細が不明なため前記の戦没者数に含まれていない漁船員の犠牲者を加えれば、死亡率はもっと高いものになるでしょう。まさに

3祈りの言葉

4碑の撮影に訪れた日も浦賀水道を大型のコンテナー船が平和に運行していた

戦争は船員にとって最大の危険なのです。

ちなみに、ミサイル攻撃を受けて全焼したY丸の先代は、一九一二年に建造された貨客船でしたが、一九四三年九月二三日（木）、軍の命令により小笠原諸島の父島からサイパンに向けて航行中に、アメリカ潜水艦から魚雷攻撃を受けて沈没し、四名の乗組員が犠牲となりました。[1]

東京湾の浦賀水道を見下ろす三浦半島の観音崎の丘の上には「戦没船員の碑」があります。建立記には、「昭和一二年七月に端を発したさきの戦争において、わが国の海運水産界は、六万余人に及ぶ尊い命と二五〇〇隻八五〇万総噸をこえる船舶を失うというまことに大きな犠牲を払いました。（後略）」と記されています。また、浦賀水道を望む足元には「安らかに ねむれ わが友よ 波静かなれ とこしえに」と彫られています。

世界の平和は誰しも望むことでしょうが、船員は日常的な営みの中でとりわけそれを心から願いながら、海で働き、海で生きていると私は考えています。

（1）日本郵船戦時船史編纂委員会編『日本郵船戦時船史——太平洋戦争下の社船挽歌』日本郵船株式会社、一九七一年、上巻三四八頁

第10章 私と船、私と海上労働科学

二二年間勤務した財団法人海上労働科学研究所と、その前身の財団法人労働科学研究所海上労働研究部での三年間、通算二五年間の研究所勤めの中で、私はいろいろな船に乗る機会を与えられました。船で働く人々の労働と生活に関する実態調査のためでした。日本の沿岸を航海する数日間のものもありましたし、日本を出て外国に行き、また日本に戻ってくるまでの一航海のものもありました。一番長かったのは、一九六五年にM丸という船で、日本からカナダ・アメリカの五大湖までを往復したもので、三ヵ月間乗っていました。M丸は低運賃で大量高速輸送を求める産業界の要請に応えるべく、当時のさまざまな新技術の導入を試みたもので、高度経済試設計船と呼ばれた雑貨船でした。

その時々で乗船調査の具体的な目的は異なりましたが、自動化、遠隔化、コンテナー化などなど、いわゆる技術革新が進展した時期ですから、導入された新しい技術や乗組員組織の影響を調査することが多くありました。M丸もその例の一つです。

このほかにも調査目的はいろいろとあり、なかには野菜の廃棄率の調査のお手伝いなんてものもありました。日本で積み込んだ野菜は、野菜用の冷蔵庫で上手に管理していても、航海が

1 私が3ヵ月乗っていた雑貨船M丸
(1962年の就航時のPR資料より)

続くうちにどうしても食べられない部分が出てきて、廃棄せざるを得ないことになります。野菜によってそうした廃棄率は変わるわけですから、あらかじめそのぶんを考慮して野菜を購入しないとなりません。でも、それは乗組員の食料費に影響することですから、重要な労使問題です。そこで、第三者機関である海上労働科学研究所に対して、官（運輸省）・労（全日本海員組合）・使（日本船主協会）から廃棄率の調査が委託されたのでした。

そういう第三者機関が存在し、それなりの機能・役割を果たすことができた経緯、それは私が船に乗れた理由でもありますので、船で働く人々の労働を研究の対象としてきた海上労働科学について紹介します。

1 日本の海上労働に関する研究の始まり

日本で海上労働に関する研究が行なわれるようになったのは、第二次大戦後のことでした。それまでは、海軍の将兵に関するものを別にすれば、商船や漁船で働く人たちのことはほとんど取り上げられていませんでした。その理由について、海上労働研究の先達の一人の本林富士郎先生（のちの名古屋大学名誉教授）は一九五〇年に次のように指摘をしています。

海運界は（中略）、その生立ち当初から、育成過程中、國の厚い保護の下で育った様である。このためか、經營が先行して、船員の人として尊嚴を、軽く取り扱った點で、又色々な習慣・慣行が、封建制を根強く持っている點で、我が國産業界の、先端に位するものと思う。（中略）國が國として立上がった場合（中略）、何事も歐米の模倣時代のことであるから、何の批判もされないで、その様式を、そのまま眞似る努力を拂ったらしい。そして其の後も、一途に經營の工夫・向上に努力が向けられ、内で働く人々の勞働條件は、殆んど省みられなかったと思われる。従って、この業界の勞働條件は科學的の鏡に寫されたことはない様である。[1]

戦後の一九四六年になって、労働科学研究所（以下、労研と略します）に海上労働を研究するグループが誕生しました。きっかけは船員法の改正でした。新しく制定された憲法の下で労働基準法が制定されることとなり、海上労働に関しても戦前の取り締まり的性格の強かった船員法を改正することになりました。陸上産業については労研に蓄積されていた多くの知見が活用されて、全面的な改正を導入した労働基準法となりました。しかし船員法については、船員の労働に関する資料がなかったために、全面的な改正には至りませんでした。ですから、改正前の船員法に比べれば保護的性格をもったとはいえ、決して充分なものにはならず、主として戦前の国際海上労働条約の水準を盛り込むにとどまったという評価をのちに受けることにもなりました。

海上労働に関する研究上の蓄積が日本になかったことに危機感を抱いた当時の運輸省は、海上労働の研究を労研に委託しました。これを契機に、労研の中に海上労働研究グループが誕生したのです。前述の本林富士郎先生が主任となり、航海士としての乗船経験と船員教育の経験をあわせもっていた西部徹一先生も加わりました。西部先生は、のちの海上労働科学の開拓者となります。

初期の研究活動については、日本人間工学会から刊行されている学会誌『人間工学』に掲載された私の総説から引用します。なお、本文中の引用文献番号は省略しました。

このグループが先ず取り組んだものの一つは船員の居住設備と作業環境の改善であった。戦争で壊滅的な損害を受けた海運界に生き残っていた船の大部分は戦争中に粗製濫造された戦時標準船、すなわち戦標船とよばれたもので、船員の居住設備などは極めて劣悪なものであった。アメリカから貸与されたものもアメリカの戦標船ではあったが、その一隻であるクレボーン号の乗船調査から、その居住設備は日本の戦標船に比べて格段の差異があることが明らかとなった。そこで日本の戦標船の居住設備と作業環境の改善を目的に、衛生管理的調査が重ねられさまざまな改善点が指摘された。次いで生活時間、作業時間に関する研究、石炭焚きに従事する機関員の作業に関する研究などが行なわれた。

一九五一年には外航船の乗船調査が行なわれた。一航海の全期間にわたって研究者が乗船して調査することは日本ではもちろん世界的にみても初めてのものであった。対象となった船はペルシャ湾から原油を運ぶタンカーで、調査内容は、居住環境、栄養、疲労など幅広く行なわれ、酷暑航路の船員労働の実態が明らかとなった。

これらの報告内容は直ぐに現場に活かされた。その理由を西部は「労研における過去の調査研究活動の中で開発されてきた研究のテクニックが、一挙に海上労働の分野に導入され、その成果が運輸省の船員労働行政面、船主の労務管理面、全日本海員組合の労働運動の面等に利用される手はじめとなった。当時の海運は占領下で一元管理されていたこと、再建された全日本海員組合が日本ではめずらしい産別の統一組織であったことなどが、労働科学の導入に有利に作用した」と記している。

こうした乗船調査だけではなく、航海士の見張り作業、特に暗順応と船橋海図室の照明のあり方に関する研究や船内の色彩調節や安全標識に関する研究など実験的研究とその結果の応用にも努力が払われた(2)。

このような研究活動を展開した海上労働研究グループは、当時の労研の労働技術研究室の所属でしたが、一九五六年には海上労働研究室となり、その後の研究室の大きな柱になる小石泰道さんも加わって、研究活動はますます専門的になっていきました。

このころから海運産業は、船舶の専用船化、巨大化、自動化などを積極的に進める時代に入っていきます。こうした技術革新と呼ばれたものが進展する中で、海運労使の要請を受け

2 労働科学研究所海上労働研究部のスタッフ。西部徹一先生は前列中央、その向かって左隣が筆者（1965年撮影）

て、運輸省の航海訓練所と大手の海運会社から航海士と機関士が派遣され、西部徹一先生や小石泰道さんの指導の下に、これらの人たちがもっている海上労働に関する固有技術を踏まえた作業分析や職務分析が進められました。研究手法は、それまでの医学的・心理学的アプローチに、作業研究や生産管理などの生産工学的手法を加えた新しいものでした。

ニューヨーク航路の雑貨船で乗船調査を行ない、その結果に基づいて船内における職能や業務の体系的分類と用語の統一を行なったのは一九六二年のことでした。これによってその後、在来船同士の航路別の比較や会社別の比較、さらに在来船と自動化船との比較が可能となったと考えられ、研究室は非常に活気に満ちていました。

運輸省航海訓練所から派遣されて、私が特別研究生として海上労働研究室の一員になったのはまさにこの翌年の一九六三年のことで、研究について右も左もわかりませんでしたが、研究室の熱い雰囲気の中に身を置くことができたのは本当に幸せなことでした。

2 財団法人海上労働科学研究所の設立

特別研究生として過ごしているうちに、漁業労働を研究するスタッフも加わって、海上労働研究室は海上労働研究部となり、さらにこれを母体とした独立の研究所の設立準備が始まりました。関係者の理解と応援を求めて東奔西走する西部先生の足となって、私のオンボロのルノーで走り回ったことは五〇年以上たった今なお懐かしく思い出されます。

そうして一九六六年九月に、財団法人海上労働科学研究所が運輸省の所管として設立されました。背景には、一九六〇年代に入り海運会社の大合併が行なわれるなど海運産業の経営も海上労働の様相も大きく変容していたことがあります。そうした中で、海上労働に関する総合的かつ強力な調査研究の必要性を唱える声が関係者の間で高まってきたのです(3)。それは海運関連の官労使が、労研におけるさまざまな海上労働に関する研究成果を活用してきたことの証でもあったのです。

しかし、労研の海上労働研究部を拡充することは非常に困難でした。そのことは、当時の労研の斉藤一所長から関係方面に出された海上労働科学研究所設立要望書の中に、はっきりと次のように書かれています。

当労働科学研究所における、海上労働科学研究部におきましては、過去20年間にわたり、各方面の手厚いご援助により、研究活動をつづけ、いささか貢献するところがあったかと存じますが、激動する技術革新の時代を迎えましては、産業に密着した応用研究の研究組織の強化拡大なくしては、今後のご要望にこたえることが困難な情勢に立ち至ったものと存じます。

しかるに、当研究所の機構の下では、海上部門のみを拡大することは困難な情勢にあります。（中略）研究の進展につれ、それぞれの分野の専門研究者を育成組織することなくしては、今後の研究の成果が期せられない段階に到達したものと存ぜられます。(4)

財団法人海上労働科学研究所（以下、海上労研と略します）設立の趣旨には官労使ともおおむね賛同していましたが、資金の調達の調整に時間がかかってしまい、当初の予定より二年遅れた設立でした。専門の研究所をもちたいという長年の念願を実現した西部先生が所長となり、九名の研究職員が活動を開始しました。私も運輸省を退職してもちろんその一人となりました。

設立直後の様子については先と同じ『人間工学』から引用します。

設立された初期の所内は、所長の西部徹一氏の下で活気に満ちていて、港湾労働や漁業労働も含めて幅広く調査研究が行なわれた。人間工学的な研究としては、労研時代から引き続いて、船橋における情報分析、操船者の精神的緊張、情報処理能力、超大型船の船橋位置、視力と色覚などに関する研究が行なわれた。これに続く海上航行管制における人的要素の研究では、狩野広之氏の指導の下に、狭水道などで操船者たちが実際に行なっている操船に関するコミュニケーションの情報の内容と機能とを分析し、変針などの意思決定に至る過程を明らかにしている。昼夜間の差異についても分析された。また衝突海難に関する海難審判録を分析した研究では、同じような要因によって海難が繰り返されていることが明らかとなった。コンテナー船やMゼロ船の実態に関する乗船調査も積極的に展開され、技術革新の進展に伴う新しい労務管理の構築の基礎資料となった。(2)

3 海上労研のその後と海から山への私の転職

創立された研究所では、西部所長以下、みんな張り切っていろいろな研究にあたっていました。思い出すと、尋常とはとてもいえないような常軌を逸した仕事ぶりでした。でも設立されたわずか四年後の一九七〇年の秋には財政が逼迫して、所員の中には給料が当時の生活保護費よりも少ない者もいるような状態になってしまいました。そうしていろいろな経過をたどったのちに、縮小計画と希望退職者の募集が理事者側から発表され、結局三名の研究員が形のうえでは希望退職に応じることにならざるを得ませんでした。一方、海上労働科学を切り拓いてきた西部所長も、元運輸事務官の専務理事とともに責任をとらされた形で所を去らなければならないという不幸な事態に至りました。

3 濃霧の海を行くBB号。肉眼では船首もよく見えない

新しい所長には渡邊俊道さんが就任して、海上労研は再発足しました。渡邊さんは、運輸省航海訓練所の元所長で、船員中央労働委

員会委員も長く勤め、海運界、船員界の官労使から信頼されていた存在で、海上労研の設立時にも尽力した方です。それだけに海上労働に関する研究の必要性と重要性とを的確に理解していたので、海運界、船員界の官労使に対してもつ影響力を活用して、非常に熱心に精力的に研究所の財政の建て直しに努力をしました。所員が減りましたが、残った者は気持ちを新たに調査研究活動に取り組みました。

4 穏やかな海を行くBB号

本書でたびたび登場した新鋭のコンテナー船K丸や、ギリシャまでの航海を紹介した在来型貨物船I丸などの乗船調査も、この時期に行なわれたものです。

また欧州に二ヵ月ほど出張して、先進海運国の海運・船員関係の官労使学の関係者を訪れ、将来の船員制度について調査をする機会を与えられたのもこの時期でした(5)。

しかし残念なことに、渡邊さんが病を得て退かれたころから再び財政的に難しくなり、調査研究活動が思うようにできなくなりました。私は幸いにトヨタ財団から助成金をいただくことができて、そのおかげで日本、韓国、フィリピン、インドネシアの四ヵ国の研究者による国際共同研究という形で、混乗船の調査や海外調査などを続けることができました。第6章で「異文化をもつ人が同じ船に乗り組む混乗船の生活」を紹介できたのは、主としてトヨタ財団のおかげです。でもいつも、こういう研究費を得られるという幸運に恵まれるものでもなく、また自分自身の生活を支えることが困難となったこともあって、一九八八年に海のない県にある公立の長野県短期大学に移りました。

海上労研は私が去った一八年後の二〇〇六年三月に、所管の国土交通省の方針によって解散となりました。

海上労研における私の生活は二二年間でしたが、財政破綻が起因となって所内が混乱した不幸な一時期を除けば、それはずっと充実していたと思える生活でした。それというのも、海上労研に勤務する前に身を置けた労研で叩き込まれた「大切なことは現場調査に基づく研究」を実行できたからだったのです。現場に行き、現場で学び、現場で教わり、現場で記録する、それを私なりに船という現場で繰り返し実行する、つまり乗船調査を重ねることができたのです。そのおかげでこの本も出版できるのですから、私はなんとも幸せです。

ちなみに、海のない長野に移ってからは、過疎化と高齢化が同時に進行する山村で一人暮らしをする高齢者の生活についての研究に取り組みましたが、その一連の研究(6)などを通して海で培った研究方法が山でも有効であることを知ることができました。そうして、この一連の研究ができたおかげで、長野県短期大学の定年後に日本福祉大学に移ることができました。

海、船、そうして出会うことができた船で働く大勢の人々のおかげで、私はここまでくることができたのです。「大切なことは現場調査に基づく研究」「まずは観察」と若いころに教わり、それを私なりに続けてこられたことに感謝しています。

(1) 本林富士郎「海上勞働」『日本の勞働科學』石川知福ほか編、南山堂、一九五〇年

(2) 大橋信夫ほか「海上労働に関する労働科学的、人間工学的研究の歴史と現状」『人間工学』第四五巻第二号、二〇〇九年、七一～八一頁

(3) 「新時代の海上労働研究へ、『海上労働科学研究所』設立の構想すすむ」『海上の友』第四九二号、日本海事広報協会、一九六四年

(4) 斉藤一『海上労働科学研究所仮称設立要望書』一九六四年

(5) 大橋信夫・青木修次『超自動化船に乗組む船員の労働と生活に関する研究（第一年度）――欧州諸国における将来の船員制度の調査・研究の実態』海上労働科学研究所、一九七四年

(6) 大橋信夫・下平佳江「過疎地域における高齢者の生活実態について」『長野県短期大学紀要』第四四号、一九八九年、五七～六六頁

あとがき

港に隣接した都会に住む文化人でさえ、船とは夜間大洋の真中で錨を入れて休息するとか、船内では毎日生きた魚が喰べられていいなどと思って居る人が相当に居る。

これは日本郵船で長く外航船の船長をなさった村上人声さんが書かれた『船と人生――海上生活三十年の記録』（海洋会）の一節です。私が運輸省航海訓練所から労働科学研究所に派遣され、特別研究生として海上労働科学の勉強を始めた一九六三年に読んだものです。この本が出版されたのは一九五五年で、それからもう六〇年以上もたった今日ですが、船で働く人々の実際の様子は一般の人々に知られていないと、村上さんが記した状況はあまり変わっていないように思います。でも、その洋上での働きぶりを陸上に暮らしている人が目にすることはありませんし、報道や書物でふれる機会もほとんどないのですから、それも当然のことかもしれません。

その点、私は幸いにも船で働く人々の実際の様子を詳らかに観察する機会に多く恵まれました。そこで学んだことの多くは、これまでに報告書や論文などでは発表してきましたが、こうして広く社会の方々に読んでいただけるようにまとめることができたのは、私にとって限りなく嬉しいことです。

ここに紹介できたことは、現場で得られた多くの記録や多数の写真のごく一部です。でもある時期に、外航船ではこんなふうに働き、生活し、生きていた人々がいたという事実を少しでも多くの方々に知っていただいて、私にいろいろなことを教えてくださった現場のみなさんへのささやかな恩返しになることを願っています。

現場での調査を続けてきたことに関連して嬉しく思っていることを一つ書いておきたいと思います。それは、船で出会った人たちの中に今なお交流を続けてくださる人たちがいることです。本文中で下船後のことを少し書けたのはそのおかげです。もちろん日本人だけではありません。たとえば、二〇一八年の秋にはオランダ人のP・Bさん夫妻と六本木で妻とともに食事をしました。お二人とも元気なうちに日光、高山、白川村、奈良などを訪れたいと、日本にやってきたときのことでした。一九七五年に三四歳の二等航海士だった彼に出会い、その後、お互いの家に何度も泊まるなどの交流をもう四〇年以上にわたって続けてきたのです。

このように船の調査で出会った人たちとの交流を通して、生きていくうえで大切なことをいろいろと教わったことは本当に幸せなことだと思っています。

この本の出版に至るまでには多くの方々にお世話になりました。

感謝をこめながら少し経過を振り返ってみたいと思います。

この本のもととなった「海で働き、海で生きる」と題した連載が、財団法人労働科学研究所から発行されている月刊誌の『労働の科学』誌上で始まったのは二〇一〇年の一月号でした。当初は一年間の予定で始まったのですが、半年ほど過ぎた際に二年間に延長されました。毎月七〇〇〇字程度の原稿を書くのは思いのほか負担でしたが、幸い健康にも恵まれて二〇一二年の三月号でなんとかやり終えることができました。私が後期高齢者になる一年前のことです。

連載が終わった時点でまとめて出版をと考えました。前にも少しふれましたように、一般の人の目に触れないままにこんなふうに働いて日本の産業と生活を支えている船の乗組員の姿を、海運産業に関係のある方々や労働関係の方々だけではなくもっと広く社会の方々に紹介したかったからです。また毎号、熱心に読んでくださった何人かの方々からそれを勧められていたからです。嬉しいことにそうした方々の中には実際に出版の可能性を探ってくださった方もいらっしゃいました。もちろん私自身もいろいろと努力を続けてきたのですが、具体化しないままに年月が過ぎていきました。

それがようやく今回実現することとなって、なんとも嬉しいかぎりです。

こうした経過の中で多くの方々のお世話になったわけですが、次の方々にはとりわけご尽力いただきました。

労働科学研究所編集部の古川たか子氏は、連載を企画し勧めてくださいました。

日本応用心理学会理事長の藤田主一教授は、連載を読んで出版への道筋をつけてくださいました。

福村出版社長の宮下基幸氏は、出版をお引き受けくださるとともに多くの貴重なご教示をくださいました。

公益財団法人大原記念労働科学研究所編集部の原知之氏は、連載を本としてまとめることを快く認めてくださいました。

小山光氏は、丁寧な編集の労をとってくださいました。

お一人、お一人に篤くお礼を申し述べ、深甚の感謝を捧げます。

また、お名前は挙げませんが、乗船調査に快く協力してくださった大勢の乗組員の方々に心からの感謝を捧げます。ご迷惑をおかけしたことも多々あったことでしょうが、それにもかかわらず、ふだんと同じように働き、生活してくださったおかげで、本書に紹介したような多くのことを私は学び記録することができました。私を受け入れてくださった乗組員の方々の寛容のお気持ちがこの本の出発点です。

最後に、乗船調査や海外調査などで長く留守にするような私の研究生活をしっかりと受け止めてくれた家族に感謝していることを、ここに記しておきたいと思います。

二〇一九年一二月

大橋信夫

年	事　項
1986（昭和61）年	・台湾における海事教育と船員雇用状況に関する現地調査実施 8月　欧州海運先進国における外国船員雇用状況に関する現地調査実施（西ドイツ，オランダ，イギリス，ノルウェー，スウェーデン） 12月　職場における文化摩擦と葛藤に関する国際共同研究第2回ワークショップ開催（韓国，光州市）
1987（昭和62）年	3月　韓国人との混乗船における労働と生活に関する乗船調査実施（パナマ船籍，アジア―北米西岸航路アジアサイド航海中，近代化仕様最新鋭コンテナー船，Bay Bridge 号） 7月　欧州海運産業への船員労働力供給国の海事教育などに関する現地調査実施（モロッコ，スペイン）
1988（昭和63）年	3月　筆者，海上労働科学研究所を退職 6月　職場における文化摩擦と葛藤に関する国際共同研究第3回ワークショップ開催（フィリピン，セブ市） 8月　フィリピン人との混乗船における労働と生活に関する乗船調査実施　（パナマ船籍アジア―北米西岸航路アジアサイド航海中，近代化仕様最新鋭コンテナー船，Alligator Triumph 号）
1992（平成4）年	4月　職場における文化摩擦と葛藤に関する国際共同研究第4回ワークショップ開催（インドネシア，バリ市）
1996（平成8）年	*9月　西部徹一氏逝去*
1998（平成10）年	3月　漁船における混乗の実態に関する面接調査（三崎港）
1999（平成11）年	3月　漁船における混乗の実態に関する面接調査（焼津港）
2006（平成18）年	*3月　財団法人海上労働科学研究所 法人見直し政策の一環で解散（海上労働に関する日本の組織的な労働科学的研究は終焉を迎えた）*

※この年表には，財団法人労働科学研究所と財団法人海上労働科学研究所において行なわれた調査・研究に関するもののうちから私自身が関与したものに限って記載しました。学術雑誌や学会発表でしか確認できないものおよび他の機関や個人で行なわれたものは含まれていません。また上記の2研究所の調査・研究ではありませんが，海上労働あるいはその研究に大きな影響を与えた事項をゴシック体の斜字で記しました。敬称は略しました。基本的には，私自身が関与していないものも含めて作成した年表で『労働の科学』67巻5号・6号（2012）に掲載したものからの抜粋です。

『労働の科学』に掲載した年表の作成にあたって使用した資料は，『日本の船員』『海上労働科学のあゆみ』『船員の戦後史事典』（以上、西部徹一著），『海上労働科学研究所年報』（海上労働科学研究所発行），各調査研究の「報告書」，その他，私の個人的な記録などです。

年	事　項
1978(昭和53)年	6月　近代化調査委による官労使合同の外国船の就労実態に関する乗船調査実施（西ドイツ，欧州航路コンテナー船，Hongkong Express号） ・遠洋漁船乗組員の就労実態およびライフサイクルに関する調査実施（宮城県雄勝町，三重県浜島町，高知県室戸岬町で面接および質問紙調査） ・混乗に関する研究着手
1979(昭和54)年	11月　若手漁業就業者の動向に関する面接調査実施（岩手県山田町，石川県内浦・能都町，島根県浜田市）
1980(昭和55)年	2月　フィリピン人と日本人とが乗り組む混乗船における労働と生活の実態に関する乗船調査実施（リベリア船籍雑貨船，地中海航路，Verbena号） 3月　フィリピン船員の教育・訓練・雇用状況に関するマニラにおける現地予備調査実施
1981(昭和56)年	・フィリピン船員のプロフィールに関する分析 ・海上労働の負担要因とその相互の関連性に関する研究
1983(昭和58)年	6月　漁船員の海中転落の原因に関する研究開始 8月　海中転落経験者への面接調査実施（宮城県気仙沼町） 12月　海中転落経験者への面接調査実施（まぐろ延なわ漁業，高知県奈半利，室戸岬町） ・西ドイツおよびノルウェー海運産業における安全性向上プロジェクトの紹介
1984(昭和59)年	1月　海中転落経験者への面接調査実施（遠洋まぐろ延なわ漁業，静岡県焼津市） 9月　海中転落経験者への面接調査実施（沖合底びき網漁業，兵庫県香住，青森県八戸，富山県新湊） 10月　トヨタ財団の研究助成金を得て，職場集団における文化摩擦と葛藤（便宜置籍船乗組員に関する研究）の国際共同研究に着手（日本，韓国，フィリピン，インドネシア），第1回ワークショップ開催（東京）
1985(昭和60)年	3月　インドネシアにおける海事教育と船員雇用状況に関する現地調査実施 6月　韓国における海事教育と船員雇用状況に関する現地予備調査実施 8月　韓国人との混乗船における労働と生活に関する乗船調査実施（パナマ船籍，北米西岸航路鋼材運搬船，Saint Laurent号，内地間
1986(昭和61)年	1月　海中転落経験者への面接調査実施（まき網漁業，鳥取県境港，長崎県奈良尾町，宮城県石巻市） 3月　韓国における海事教育と船員雇用状況に関する現地調査実施

年	事　項
1972(昭和47)年	10月　野菜・果実の廃棄率の実態に関する乗船調査実施（豪州航路コンテナー船，箱崎丸） ・乗組員体力測定結果の分析
1973(昭和48)年	7月　欧州の海運先進国における将来の船員制度の研究に関する現地調査実施（ノルウェー，スウェーデン，デンマーク，西ドイツ，イギリス，オランダ） 10月　最新の技術革新を導入したコンテナー船における労働実態に関する乗船調査実施（ニューヨーク航路コンテナー船，黒部丸）
1974(昭和49)年	8月　新しい船員職業の設計に関する研究着手
1975(昭和50)年	1月　寒冷漁場における労働科学的研究，沖合底引き網漁船の労働実態に関する乗船調査実施（オホーツク海） *3月　リベリア籍船タンカー「アストロ・ペガサス号」で外国人船員との混乗が認められる* ・船員の生活態様と生活意識に関する質問紙調査実施 ・新しい船員職業の基本的枠組み提案，官労使に説明，のちの船員制度近代化プロジェクト発足の契機となる *事務所が平川町砂防会館から海事センタービルに移転*
1976(昭和51)年	5月　在来型貨物船の労働実態に関する乗船調査実施（黒海航路貨物船，紀伊丸） *6月　筆者，桐原賞受賞* *8月　研究所の財政立て直しに尽力した渡辺俊道氏逝去* 9月　海上労働科学研究所創立10周年記念研究文献抄録刊行 ・漁業労働災害の原因究明に関する研究（沖合底びき網漁船における事例蒐集）
1977(昭和52)年	2月　新しい船員職業に関する具体案を提案，その内容はのちの官労使による船員制度近代化プロジェクトが想定した「仮説的船員像」の基礎となる 4月　運輸省船員局長の私的諮問機関として，官労使の代表からなる船員制度近代化調査委員会が設置され，調査員として参加 7月　近代化調査委による官労使合同のMゼロ船の就労実態に関する乗船調査実施（北米西岸航路コンテナー船：氷川丸，豪州航路鉱石船：鋼寿山丸，ペルシャ湾航路タンカー：宗珠丸） 12月　遠洋漁船乗組員の就労実態およびライフサイクルに関する研究（沖合底引き漁業：香住，遠洋底引き網漁：塩釜・石巻，以西底引き網漁業：福岡について，面接および質問紙調査 ・漁業労働災害の原因究明に関する研究開始（沖合底引き網漁船における事例収集）

年	事　項
1967（昭和42）年	12月　中小型船舶の自動化設備と労働の実態に関する調査（長崎県端島航路，広島県瀬戸内海汽船） ・海難の心理的要因に関する研究 ・*超大型船の船橋位置に関する研究* ・船員の一般知能検査法とパーソナリティーに関する研究 ・船員の情報処理能力に関する研究 ・船内サーキット体操指導書作成
1968（昭和43）年	1月　海女の栄養実態調査（千葉県千倉町） 3月　内航旅客船の労働に関する実態調査実施（せい丸など） 6月　港湾労働に関する夏季実態調査実施（神戸港，横浜港） 7月　操船情報処理に関する実態および精神的緊張分析に関して乗船調査実施（宇高連絡船） 8月　操船情報処理に関する実態および精神的緊張分析に関して乗船調査実施（青函連絡船） 10月　中小型船舶の自動化設備と労働の実態に関する調査実施（鹿児島―奄美航路，あまみ丸） 11月　船内体操その2，かたふり体操ソノシート作成
1969（昭和44）年	2月　巡視船乗組員の健康管理に関する調査実施（函館） 11月　コンテナー船の労働実態に関する乗船調査実施（北米西海岸航路コンテナー船，ごーるでんげいとぶりっじ号） ・海運会社採用時の適性検査実施（数社）
1970（昭和45）年	3月　船橋における操船情報処理に関する実態および精神的緊張分析に関して乗船調査実施（瀬戸内海汽船，せとじ，ひろしま，第16東予丸） 10月　コンテナー船の労働実態に関する乗船調査実施（豪州航路コンテナー船，おーすとらりあ丸） ・海上交通管制における人的要素に関する研究
1971（昭和46）年	1月　操船情報処理に関する実態および精神的緊張分析に関して乗船調査実施（内地沿岸航海中，コンテナー船，おーすとらりあ丸） 5月　航空管制官の疲労調査実施（羽田管制塔） *7月　海運史上最長（91日）の全日本海員組合ストライキ解決（この長期ストは積極的に混乗が導入される契機に）* 11月　操船情報処理に関する実態および精神的緊張分析に関して乗船調査実施（青函連絡船） ・航行安全システムに関する研究
1972（昭和47）年	*3月　財政難から研究所の縮小計画により，3人の研究員が退職を余儀なくされる。西部徹一専務理事・所長，下田行夫専務理事が退任，渡辺俊道（元運輸省航海訓練所所長，元船員中央労働委員会委員，元原子力船事業団専務理事）が専務理事・所長に就任、財政立て直しに取り組む*

海上労働科学研究年表　1921-2006

年	事　項
1921（大正10）年	日本海員組合創立 7月　倉敷労働科学研究所創立（所長・暉峻義等）
1946（昭和21）年	1月　船員局の要請により海上労働に関する研究を開始するために労働科学研究所に海上労働研究グループ誕生（主任は本林富士郎） 5月　西部徹一（のちの海上労働科学研究所初代所長），労働科学研究所に入所
1947（昭和22）年	2月　西部徹一『船員法改正に望む』発表（労働の科学2巻2号）
1950（昭和25）年	12月　暉峻義等が近海漁業船において乗船調査実施
1963（昭和38）年	6月　筆者，労働科学研究所に入所
1964（昭和39）年	8月　まぐろ漁船の船内環境調査実施（三崎港） 9月　高度経済試設計船における船内労働実態に関する乗船調査実施（内地沿岸航海中，みししっぴ丸）
1965（昭和40）年	2月　高度経済試設計船における船内労働に関する乗船実施（東部カナダ航路，みししっぴ丸） 10月　船員の運動機能に関する研究
1966（昭和41）年	4月　海上労働科学文献抄録集（研究開始20周年記念）刊行 7月　護衛艦の機関室環境に関する乗船調査実施（護衛艦うらなみ） 9月　労研の海上労働研究部を母体として，海上労働科学研究所が設立される（所長・西部徹一），研究部は，人間工学研究室，労働技術研究室，安全衛生研究室，社会科学研究室の4研究室構成，事務所は目白の船舶技術研究所跡地にある廃屋の再利用。筆者，入所 10月　新鋭浚渫船の労働実態に関する乗船調査実施（関門海峡，海鵬丸） 11月　中小型船舶の自動化設備と労働の実態に関する乗船調査実施（東京湾フェリー，久里浜丸，金谷丸） ・操船者の反応速度と運動規制機構に関する研究 ・操船者の知的機能に関する研究 ・船内サーキット体操開発
1967（昭和42）年	1月　港湾労働に関する冬季実態調査実施（横浜港） 8月　ペルシャ湾航路タンカー船員の生理的機能の変化に関する乗船調査実施 9月　沿岸漁村の生活実態調査実施（新潟県岩船町） 10月　漁船の海難事故原因の究明に関する調査（北海道釧路市）
	11月　事務所が目白の船舶技術研究所跡地から平川町砂防会館に移転

大橋信夫（おおはし のぶお）

博士（心理学），人間工学専門家（日本人間工学会認定第26号），応用心理士（日本応用心理学会認定第133号）
日本応用心理学会名誉会員，産業・組織心理学会名誉会員，日本人間工学会名誉会員

1938年　東京で生まれる
1960年　東京商船大学（現・東京海洋大学）卒業，運輸省航海訓練所運輸教官
1963年　（財）労働科学研究所特別研究生
1966年　（財）海上労働科学研究所入所
1976年　（財）海上労働科学研究所主任研究員
1988～2001年　長野県短期大学教授
2001～2008年　日本福祉大学大学院・情報社会科学部教授
2012～2016年　松蔭大学・コミュニケーション文化学部教授
この間，武蔵工業大学（現・東京都市大学），相模工業大学（現・湘南工科大学），東京商船大学（現・東京海洋大学），東京大学，拓殖大学，茨城大学大学院，信州大学，長野県看護大学で人間工学などを出講したほか，（財）労働科学研究所協力研究員，客員研究員を兼務

1976年第6回桐原賞，2010年日本人間工学会功労賞を受賞

《主な著書・論文》
・操船者の精神的緊張について
・労働力の国際移動と職場における文化摩擦
・混乗船について
・過疎地域における高齢者の生活実態について
・ノルウェーにおける独居高齢者への社会的支援の実態――夏季現地調査から
・海上労働に関する労働科学的，人間工学的研究の歴史と現状
・Psychological Aspect of Work Load on Board
・The Strict Agricultural Products Standard and the Difficulty of Agricultural Work

海で働き、海で生きる
――心理学者が観察した外航船乗組員の労働と生活

2020年3月5日　初版第1刷発行

著　者　大　橋　信　夫
発行者　宮　下　基　幸
発行所　福村出版株式会社
〒113-0034　東京都文京区湯島2-14-11
電　話　03（5812）9702
ＦＡＸ　03（5812）9705
https://www.fukumura.co.jp

印刷・製本　中央精版印刷株式会社

 ISBN978-4-571-41064-2 C0036